NOTES SUR LE DRESSAGE

DU

CHEVAL DE GUERRE

BERGER-LEVRAULT ET Cie, LIBRAIRES-ÉDITEURS

Éditeurs de la *Revue de Cavalerie*

PARIS
5, RUE DES BEAUX-ARTS, 5

NANCY
18, RUE DES GLACIS, 18

1898

NOTES SUR LE DRESSAGE

DU

CHEVAL DE GUERRE

Extrait de la **REVUE DE CAVALERIE**

NOTES SUR LE DRESSAGE

DU

CHEVAL DE GUERRE

BERGER-LEVRAULT ET Cie, LIBRAIRES-ÉDITEURS

Éditeurs de la *Revue de Cavalerie*

PARIS
5, RUE DES BEAUX-ARTS, 5

NANCY
18, RUE DES GLACIS, 18

1898

NOTES SUR LE DRESSAGE

DU

CHEVAL DE GUERRE

Personne n'ignore que les longues périodes de paix ont pour effet de ramener les minuties et le culte des détails dans les méthodes d'instruction des armées. Il semble que l'on perde alors peu à peu de vue le but à atteindre, qui est, le cas échéant, d'amener devant l'ennemi une troupe dressée en vue de la guerre et capable de le combattre.

Les tristes résultats de la dernière campagne en sont une preuve. Tout le monde est d'accord en effet pour placer, parmi les nombreuses causes de nos désastres, la direction défectueuse donnée à l'instruction de l'armée, par l'emploi de méthodes rigides, surannées et manquant complètement de sens pratique.

Après la guerre, on cherche à remanier les règlements de manœuvre, de façon à les mettre en harmonie avec la réduction de temps du service actif. On élague ainsi une foule de prescriptions inutiles, faites uniquement en vue de la parade.

Pour la cavalerie en particulier, la superbe instruction de 1876 fait revivre l'arme, lui rend l'entrain et l'activité perdus depuis la période glorieuse du premier Empire.

Quelques années plus tard, le temps à passer sous les drapeaux était encore réduit, et l'on cherchait à adapter à l'instruction d'hommes appelés pour trois ans seulement dans la cavalerie des prescriptions élaborées en vue d'un service effectif de cinq années.

De plus, l'installation défectueuse de quelques terrains de manœuvres, les rigueurs de la saison d'hiver dans certaines régions et les difficultés opposées par les cultures à l'exécution au travail en rase campagne, paraissent avoir eu pour effet de donner à l'instruction dans le manège une part peut-être trop importante.

On a cherché quelquefois à remplacer le travail à l'extérieur, si nécessaire cependant pour développer le perçant, la hardiesse et l'initiative du cavalier, par des reprises d'une équitation serrée, exigeant beaucoup de tact et l'habitude du cheval, peu compatible, par conséquent, avec les moyens ordinaires de nos hommes. Il serait à craindre même que cette équitation, délicate, mal comprise et appliquée sans grand discernement par la masse de nos cavaliers, eût pour effet d'enlever au cheval sa franchise, et à notre cavalerie ses qualités d'entrain et d'activité.

La présente étude, s'adressant en particulier au cheval de troupe, a pour but d'exposer une méthode plus simple et plus en rapport avec le temps réduit du service actuel.

Cette méthode est basée principalement sur la nécessité d'obtenir, avant tout, la *franchise du cheval et son entraînement,* en n'exigeant du cavalier que ce qu'il est strictement nécessaire de connaître pour se mouvoir dans le rang, marcher isolément, et se servir de ses armes.

Cette étude sera divisée de la façon suivante :

> Apprivoisement ;
> Débourrage ou dressage fondamental ;
> Complément du débourrage ou travail au manège.

De l'apprivoisement.

L'apprivoisement du cheval consiste à le rendre doux et sociable, facile à se laisser soigner, enfin complaisant lorsqu'il s'agira de le garnir et de lui monter sur le dos.

Nous aurions passé sous silence les quelques dispositions à prendre pour cette instruction préliminaire, si, faute de s'en être occupé, on n'avait eu quelquefois à constater, dans une classe de jeunes chevaux, certains caractères difficiles rendus dès le début absolument sauvages et dangereux.

La faute, rarement imputable au cheval lui-même, lest la plupart du temps à ceux qui ont la surveillance des preniers soins dont il est l'objet.

La remonte est versée dans les corps de troupe en fin septembre ou octobre, après la libération de la classe, au moment par conséquent où le nombre des cavaliers faisant le « service » est très affaibli : c'est aussi l'époque des grandes permission pour les officiers et les sous-officiers rengagés.

Ne serait-il pas préférable de remettre au printems l'arrivée des jeunes chevaux? L'acclimatement se ferait dans de meilleures conditions en ne se produisant pas au début de la mauvaise saison. A défaut d'un changement aussi radical, et qui pourrat nuire à la mobilisation de la cavalerie, il serait mieux de retarde d'un mois l'envoi des jeunes chevaux dans les régiments, et de es expédier quinze jours après l'arrivée des recrues. Les jeunes soldats étant venus partager le service aux écuries, on disposerait ainsi d'un plus grand nombre d'anciens pour soigner exclusivement dès le début les poulains répartis dans les escadrons.

Quoi qu'il en soit, dès que les recrues ont rejoint leu régiment, le personnel du nouveau dressage est constitué, et la urveillance effective. L'apprivoisement se fait alors tout seul : l'iomme et la bête s'entendent, se comprennent ; la sociabilité du heval, déjà éveillée au dépôt de remonte, devient complète au rgiment, et, grâce aux conseils raisonnés de l'officier et à l'intéêt constant qu'il témoigne à son dressage, les mauvaises disposiions s'atténuent, souvent même disparaissent lorsque des brualités antérieures en sont la cause.

Il n'y a pas lieu de s'étendre davantage sur cette partie de l'apprivoisement : nous passerons donc à la leçon du montoir et à la promenade.

De la leçon du montoir

Nous avons habitué le jeune cheval à supporter ans gêne sa selle et ses sangles à la longe ou dans des promenaes en main, jamais à l'écurie où sa tranquillité doit être respectée Nous commencerons alors la leçon du montoir

L'idéal serait d'obtenir que le cheval se laissât monter ou descendre des deux côtés sans plus bouger que s'il était en bois.

Prenons-le donc au moment où il a l'habitude d'être dans une quiétude complète, c'est-à-dire attaché à l'anneau de pansage, pendant qu'on bouchonne son voisin.

Le sous-officier le détache, mais sans lui faire quitter son mur, et prescrit à l'homme de le monter doucement en prenant les précautions usuelles. Le trouble que nous lui occasionnerons peut-être se dissipera vite, et le cheval ne tardera pas à retrouver son calme indifférent sous les caresses du cavalier.

Il n'y a rien d'étonnant qu'un cheval nerveux, excitable se tracasse au montoir. Mais pourquoi le brave troupier, le plus tranquille d'esprit, jamais las du repos, présente-t-il généralement le même travers ? C'est parce que l'homme commence d'abord, sous le prétexte d'ajuster ses rênes, par couper la bouche de l'animal, ou bien le tirer complètement d'un côté, et qu'en outre, dans les premières séances, le départ suit immédiatement l'action de se mettre en selle. Supprimer ces deux causes, c'est en faire disparaître l'effet.

Lorsque le poulain se laisse bien monter et descendre devant son mur, on lui donne la leçon dans la cour. Les rênes sont passées sur l'encolure, le cavalier ne les touche pas, et le sous-officier reste devant le cheval, agitant le bridon, de droite à gauche dans la bouche s'il doit se manifester la moindre émotion. Une fois en selle, l'homme saisit ses rênes, mais sans les tendre. Au fur et à mesure des progrès, le sous-officier se retire, afin de laisser livrés à eux-mêmes cheval et cavalier.

Dans la leçon du montoir, il est préférable de maintenir le jeune cheval assez longtemps en place après qu'on l'a monté ou qu'on en est descendu. Sans cette dernière précaution, il peut se produire un effet analogue à celui qu'on observe chez le cheval attelé. Si ce dernier est nerveux, il piaffe, se surexcite lorsqu'on monte en voiture, parce que le coup de collier, le départ suivent toujours l'impression qu'il ressent, le bruit de la portière qu'il entend se fermer.

Pour les raisons qui viennent d'être exposées et afin d'éviter les trop grosses pertes de temps, la leçon du montoir proprement dite doit être donnée bien avant les premières séances de dressage.

Lorsque les chevaux seront confirmés dans le calme le plus parfait, les cavaliers, avant de se mettre en selle, ajusteront leurs rênes, mais sans tirer sur la bouche.

Des promenades.

Dès son arrivée, le jeune cheval va à la promenade, où il est tenu en main toujours à droite, ce qu'il faudrait éviter. Les cavaliers sont forcés souvent d'avoir les rênes courtes ; l'encolure se contourne à gauche d'une façon habituelle et acquiert dans ce sens une souplesse trop grande qu'on ne trouvera pas plus tard du côté opposé.

L'allure de la promenade doit être exclusivement le pas, plutôt lent que normal. Dès qu'on l'allonge, le cheval vigoureux et énergique trottine, parce que l'encolure maintenue, élevée et inévitablement pliée dans un sens, ne peut prendre le balancement bas nécessaire au développement du pas ; d'autre part, les chevaux mous et de constitution défectueuse se font tirer par la figure, deviennent plus paresseux encore, car celui qui les mène n'a aucun moyen pour vaincre leur force d'inertie.

Au bout de quelque temps, après avoir obtenu la docilité au montoir, on mettra le dresseur sur le dos de son élève pendant une partie de la promenade, puis pendant la totalité un jour sur deux. Les jeunes chevaux marchent ainsi à côté des vieux ou entre eux. Lorsqu'ils sont montés, on doit chercher à leur donner une idée des premières notions qu'on aura à leur enseigner plus tard. Chaque départ devra donc coïncider avec des battements de mollets (les éperons sont recouverts), chaque arrêt avec des tractions de rênes, en complétant ces actions de claquements de langue pour marcher, de « ho ! là ! » pour arrêter.

Dans tout ce travail au pas à la promenade, que le cheval soit monté ou non, l'encolure et la tête doivent être laissées le plus libres possible, et non pas maintenues dans une position soutenue par une tension inutile et même nuisible des rênes.

Au bout d'une ou deux semaines, le cheval se trouve amené progressivement à la seconde période de son éducation, c'est-à-dire au débourrage, dont nous allons parler après avoir dit deux mots du travail à la longe.

De la longe.

Le travail à la longe est un des meilleurs assurément qu'on puisse faire subir au jeune cheval dès son arrivée au corps. Il n'a que l'inconvénient de nécessiter beaucoup de temps et un instructeur connaissant parfaitement son économie. Dans les promenades sur les routes faites au début, les jeunes chevaux tenus en main ne font que de l'hygiène, leurs muscles ne peuvent s'y développer d'une façon sérieuse. La situation du cheval en main ne correspond à rien de logique, car on lui demande la marche sur une ligne droite en le plaçant de travers avec un port d'encolure à peu près fixe.

Certains hommes de cheval veulent même transformer la promenade en main en un véritable exercice de dressage par l'emploi des allures vives. Il semble difficile d'être de leur avis. A chaque allure correspond un placer naturel : sans parler de l'impulsion qui fait totalement défaut, et qui, de quelque façon qu'on se serve du cheval, est la chose primordiale, comment concilier un travail en main aussi complet avec une position rigide et immuablement fixe ?

Beaucoup d'officiers préfèrent aussi faire monter de bonne heure le dressage dont ils sont chargés. Ce dernier procédé est le plus simple et le meilleur. Son application nous oblige malheureusement à écourter les promenades, au grand préjudice du bain d'air si favorable à l'acclimatement de nos jeunes chevaux, afin de réduire pour ces natures incomplètement formées la fatigue du poids.

La longe est là pour tourner la difficulté. Les muscles s'y développeront progressivement, et mettront le cheval en état de supporter avec moins de fatigue et par conséquent plus de fruit le travail du débourrage qui est sur le point de commencer.

Il n'y a rien à dire sur la façon de mettre le cheval à la longe : tout le monde connaît la remarquable étude de M. de Gontaut. Le but à atteindre est d'obtenir un travail sérieux des muscles, une action franche, soutenue, très rythmée entre la chambrière et le caveçon. Si l'instructeur ne donne pas la leçon lui-même, il devra familiariser son sous-officier dans l'emploi judicieux de ces deux aides, et le surveiller en professeur et non simplement en supérieur lorsqu'il en fait usage. Maintes fois, l'occasion se présentera de revenir sur ce travail dans le courant de l'instruction qui va commencer, car il interviendra avec succès dans la plupart des difficultés qui peuvent surgir, et dans les leçons qu'on voudra donner.

Du débourrage.

Débourrer un cheval, c'est lui inculquer les premières notions des connaissances qui suffiront à le rendre utilisable, lui donner du *perçant*, développer ses forces, lui faire acquérir l'adresse nécessaire au terrain varié et sur les obstacles, enfin l'habituer aux armes.

C'est dire en beaucoup de mots que le débourrage doit être la principale éducation du cheval de guerre, la base de tout.

Lorsque ce travail a été bien conduit, les résultats qu'il procure sont tels qu'on peut affirmer sans crainte, en ce qui concerne le cheval de troupe proprement dit, qu'il est suffisant pour le rendre apte au service dans toutes les circonstances de guerre.

Un dressage plus fin qui suivrait le débourrage n'en serait qu'un complément bien inutile. Avec les principes plus élevés d'équitation qu'il exige, il est indispensable pour l'officier, utile pour le sous-officier, incompréhensible et par conséquent encombrant et quelquefois nuisible pour le cavalier.

Nous avons souvent entendu dire avec raison que le type du cheval de troupe était celui du piqueur d'un équipage de chasse. Celui-ci déclarera sa monture parfaite lorsqu'elle sera franche, adroite sur tous les terrains, endurante, et qu'elle lui permettra, même dans les pays les plus difficiles, d'appuyer ses chiens. Se soucie-t-il du pied sur lequel son cheval galope ? lui demande-t-il de marcher sur deux pistes ? Pourvu qu'il puisse aisément, dans n'importe quel terrain, aller à toutes les allures, arrêter, reculer et tourner, c'est tout ce qu'il désire. Pourquoi vouloir exiger davantage du cheval de troupe, et lui imposer un dressage dont l'autre, *le cheval pratique,* a si bien su se passer? Le seul résultat que nous obtenions en essayant un dressage plus complet est de rendre le cheval de troupe parfaitement désagréable, souvent rétif, et de perdre de vue, au milieu de brillantes inutilités, le but de nos efforts : *faire un cheval de guerre.*

Le règlement actuellement en vigueur et qui a été promulgué alors que les hommes restaient plus longtemps sous les drapeaux ne finit-il pas par sacrifier aux idées qui viennent d'être exposées, dès le travail sur les grandes lignes et l'école de peloton? Pourquoi ne pas le faire plus tôt?

On objectera que les exercices de manège sont pour le cheval un assouplissement qui, non seulement n'entravera pas son utilisation postérieure comme cheval de guerre, mais encore la facilitera. C'est la vérité en ce qui concerne les cadres de sous-officiers. Le temps de service plus prolongé d'une grande partie de ces derniers, leur intelligence, le goût du cheval, des reprises particulières sur des chevaux choisis ont pu développer chez eux la compréhension d'une équitation plus élevée comme principes. En est-il de même pour nos hommes qui, recrues la veille, doivent être dresseurs le lendemain? C'est trop fort pour eux; ils ne saisissent pas, ne sentent pas ce qu'on leur fait faire, l'exécutent par conséquent mal, provoquent des défenses et souvent occasionnent des rétivités, qui ne se seraient pas produites si l'on s'en était tenu à un travail dont la simplicité est à la hauteur des intelligences les plus ordinaires.

Nous avons été frappés par la façon simple et logique d'examiner l'instruction individuelle des hommes et des chevaux, employée par un officier général auquel nous étions unanimes à accorder notre confiance. Après avoir constaté l'état général de la classe d'instruction qui lui était présentée, il s'assurait que chaque cavalier sortait franchement du rang, marchait droit à toutes les allures sur un point de direction bien déterminé, franchissait avec entrain un obstacle non encadré dans une sorte de couloir, enfin était à même de sabrer et de pointer avec adresse une suite de mannequins en zigzag.

Lorsque toutes ces petites épreuves tournaient à bien, il se déclarait pleinement satisfait. N'avait-il pas mille fois raison, et cela ne valait-il pas mieux que d'aller au manège constater avec tristesse qu'au commandement : *Partez au galop,* le quart ou la moitié des chevaux dans un grand brouhaha s'embarque sur le mauvais pied ?

Il est facile de tirer encore un argument du cheval lui-même : tant qu'on ne lui demande de faire que ce que la nature a mis dans son instinct, il obéit avec plus ou moins d'ardeur, mais il obéit. Sitôt qu'on sort de ces exigences, et qu'en le confiant à un maladroit on veut obtenir de lui des mouvements qu'il doit apprendre, il oppose sa volonté à celle de son dresseur. Celui-ci sera inévitablement vaincu, car on ne triomphe des difficultés qui surgissent qu'avec l'adresse que le goût du cheval et une pratique prolongée ont permis d'acquérir.

Peut-être reprochera-t-on aux quelques pages qui suivent d'élaguer un peu trop le règlement d'exercices et ne pas être assez imprégnées de son esprit. On pourrait répondre à cette objection en faisant remarquer que les autres armes se sont efforcées de diminuer de plus en plus ce que les hommes avaient à apprendre en raison du peu de temps qu'ils passent sous les drapeaux. La cavalerie seule n'a pas suivi ce mouvement et le tome II de son règlement d'exercices, malgré les changements apportés à la loi militaire, est immuable depuis vingt ans.

Premières séances.

Lorsque les jeunes chevaux ont acquis un peu de forces au travail à la longe, et qu'ils ont suivi, tantôt montés, tantôt en main, de légères promenades où ils ont perçu la notion, l'idée de l'obéissance aux deux jambes et aux deux rênes, le moment est venu de s'occuper d'eux en particulier.

Les recrues viennent d'arriver, inutile donc de compter sur le manège, et, l'aurions-nous, qu'il vaudrait mieux ne l'occuper que quelques instants, juste le temps de laisser bondir nos natures les plus fougueuses.

Les chevaux sont en bridon ; les cavaliers, tenant une badine la pointe en bas, ont les étriers chaussés pour qu'une gambade ne les leur fasse pas perdre, et les éperons sont entourés d'un linge.

Cahin-caha on forme une colonne par deux que précède un cheval dressé et l'on se rend sur le terrain. Les chevaux nerveux sont accouplés avec les placides, et les rueurs sont mis en queue.

Pendant la route, les cavaliers doivent laisser les rênes complètement libres, pour que les chevaux s'habituent dès le début à descendre leur encolure et à marcher au pas sans s'énerver. Les jambes, de légers coups de badine, s'il y a lieu, actionnent l'allure. En cas de besoin, le cavalier raccourcit une rêne ou les deux, puis rend à nouveau en reprenant sa marche.

Une fois arrivée, la colonne exécute un petit temps de trot de détente. Dans ce mouvement, les poignets doivent être bas, les rênes tendues sans traction, le cavalier au trot enlevé. Si un cheval bondit, le cavalier s'assied, lui rend, en laissant glisser les rênes, le calme à la voix, puis le reprend, l'accès de gaîté terminé. Dès que les chevaux sont calmes, faire passer le conducteur au pas, puis à l'arrêt, en prescrivant aux cavaliers de s'enfoncer dans leur selle et de tirer sur leurs rênes. Ils devront les relâcher complètement, jusqu'au bout, dès la fin du mouvement. Enfin, faire mettre pied à terre et placer les chevaux sur un rang avec un léger intervalle.

Ces deux prescriptions, de rendre lorsque le cheval saute et de donner aux rênes toute la longueur possible lorsqu'il est arrêté, devront toujours être observées.

Après un moment de repos, de va-et-vient autour des chevaux, tout le monde remonte à cheval et commence le « travail à volonté » d'une durée d'une demi-heure ou trois quarts d'heure au plus, constamment au pas pendant les huit ou dix premiers jours. Puis la colonne se reforme et reprend le chemin de l'écurie, en observant au retour la même ordonnance qu'à l'aller.

Travail à volonté.

Ce travail, dont la durée totale doit être au moins de deux mois, s'exécute sur le terrain. Le cavalier y est toujours seul, sauf une ou deux exceptions à tolérer pour les caractères par trop ombrageux ou difficiles, à qui l'on adjoint au début un compagnon calme et bonasse.

Le cheval commence à acquérir dans ce travail la qualité primordiale *le perçant*, développe et cadence son pas et son trot, devient obéissant aux aides simples (actions simultanées des jambes ou des rênes) et aux actions directes des rênes.

Dès la première séance, on explique au cavalier qu'il doit uniquement apprendre à son cheval à marcher, arrêter et tourner d'après les prescriptions qui vont suivre et dont l'officier montre lui-même le mécanisme.

Il commande : *Dispersez-vous*, chacun envoie deux bons coups de mollets, la dispersion se fait tant bien que mal, puis chaque cavalier travaille pour son compte, s'attachant toujours au mouvement en ligne droite et ne tournant qu'aux limites du terrain.

Cette dispersion dont il est parlé peut paraître difficile : il n'en est rien, et, dès le troisième jour, si les cavaliers exécutent bien les prescriptions ci-dessous, on doit pouvoir lui substituer le mouvement : *Sortir du rang*.

Marcher.

Pour porter le cheval en avant :

1° S'asseoir, porter les poignets en avant de façon que les rênes ne soient même plus tendues et flottent légèrement, et prendre son point de direction ;

2° Fermer franchement les deux jambes par un battement et non une pression, en s'aidant d'un petit coup de badine si le cheval n'obéit pas.

Au bout de quelques pas seulement, le cavalier soutient à peine ses mains pour sentir très légèrement la bouche de son cheval sans jamais opérer la moindre traction. Il écarte très fortement ses poignets, afin d'encadrer son cheval et les place très bas.

Cette position des poignets écartés est nécessaire avec les jeunes élèves. En effet, que fait-on à pied pour conduire un cheval soit vers la droite, soit vers la gauche ? On le tire, en saisissant la rêne près de la bouche perpendiculairement à sa longueur, et le cheval obéit toujours. Monté, il n'est pas possible d'agir ainsi ;

mais en écartant les poignets et en les baissant, on se rapproche de la manière d'opérer à pied et on a plus de chance d'être obéi.

Donc, le cavalier, cherchant à atteindre son but, c'est-à-dire le point de direction qu'il a lui-même choisi, y pousse son cheval avec les jambes. S'il voit que son élève oblique d'un côté, il écarte franchement la main du côté opposé sans opérer de traction en arrière, qui plierait l'encolure et ralentirait la marche. Sitôt le cheval revenu dans la bonne direction, il le pousse de nouveau en avant.

Il arrive qu'au début, certains chevaux, au lieu de marcher droit ou à peu près, se jettent brusquement de côté. Le cavalier appliquera le même principe, mais en saisissant la rêne aussi près de la bouche qu'il est nécessaire, pour se rapprocher de la conduite à pied. La direction rétablie, lâcher le cheval en avant dans les jambes.

Dans ces conditions, le cavalier est appelé à prendre quelquefois des positions incorrectes. Il ne faut pas s'en préoccuper, elles ne sont que passagères et le cheval doit plutôt être considéré comme l'élève que son dresseur. Au surplus, ces imperfections durent peu, car à la fin de la troisième séance les chevaux sont presque droits au pas sur leur point de direction.

L'instructeur explique alors aux hommes que ce n'est pas tout d'avoir la direction, qu'il faut obtenir également l'allure. Le cavalier devra faire tous ses efforts pour allonger la marche avec ses jambes, qui rythmeront le mouvement en l'accélérant par des battements continuels : la badine interviendra au besoin. Mais en même temps, il faudra que les mains laissent glisser les rênes afin de permettre à l'encolure de s'allonger, de descendre, de se balancer. Le jeune cheval, poussé ainsi, se met souvent à trottiner ; un léger coup sec d'une seule rêne, dans le sens de bas en haut, accompagné de l'indication « oh ! oh ! », suffit presque toujours pour le remettre rapidement au pas. Dès qu'il y est revenu, reprendre la position normale du travail et pousser en avant.

Cette situation au pas, les rênes longues, jamais tendues, le cavalier actionnant constamment son cheval, n'est pas admise par tout le monde, surtout dans sa première partie, et a été vivement critiquée.

C'est pourtant la seule façon de donner au pas la longueur réglementaire. Il est puéril de prétendre qu'en soutenant les rênes on prévient une chute. En réalité, on fatigue inutilement le cheval et on entrave sa marche. Agir ainsi n'est pas empêcher une chute, parce qu'en emprisonnant l'encolure qui est le levier naturel dont le cheval se sert pour se tirer d'embarras, on paralyse son effet.

La marche du cheval se trouve également entravée, car les rênes, soutenues d'une façon fixe, interdisent la position plus allongée de l'encolure qu'il prend toujours pour accélérer sa vitesse.

Si l'on veut se convaincre de la fatigue qu'on lui impose, il suffit, une fois arrêté, de lâcher les rênes : le cheval descendra le nez presque à terre pour se déraidir de la position guindée qu'il avait auparavant.

Il y a des cas évidemment où le cavalier doit raccourcir ses rênes pour éviter une chute possible, dans une descente très difficile ou glissante par exemple. C'est qu'il s'agit alors de faire faire au cheval des pas plus petits, qui lui permettront de bien discerner l'endroit où il doit mettre le pied, ou de ne pas risquer de perdre l'équilibre par un mouvement trop étendu. Mais en temps ordinaire les jambes du cavalier, par l'animation et la vitalité qu'elles donnent à l'allure, valent à elles seules les meilleures genouillères pour un cheval monté.

Observations sur la leçon du « Marcher ».

Cette leçon doit être considérée comme fondamentale : c'est d'elle, presque exclusivement d'elle, que dépend toute l'éducation du jeune cheval. Les difficultés qu'on peut rencontrer dans la suite proviennent presque toujours de l'insuffisance de soins qu'on y a apportés, quelque simples qu'en soient en eux-mêmes les principes.

La faute ne doit pas en être rejetée sur les cavaliers, mais sur l'instruction qu'on leur a fait subir.

Le travail en bridon, qui est l'école d'équitation pour nos jeunes cavaliers, est chargé d'enseignements trop élevés, souvent professés presque à la lettre.

Nous y voyons qu'avant tout mouvement il faut rassembler son cheval : qu'on nous montre, je ne dis pas un cavalier, mais un officier rassemblant un cheval de troupe. Sautant sur son dos, si nous voulons le porter en avant, nous avançons nos mains et claquons vigoureusement nos bottes sur ses flancs.

Comment agit le cavalier en général ? Sous prétexte de rassembler son cheval, probablement, il tire sur ses rênes, puis exécute une flexion de jambes plus ou moins en arrière suivant la sensibilité de sa monture, dit le règlement, et le cheval ne part pas, colle au rang, ou, s'il se porte en avant, c'est avec hésitation et flottement. Le cavalier de troisième année est encore un débutant au point de vue de l'équitation proprement dite. L'action de sa main est cent fois plus violente que celle de ses jambes : or, ses rênes demandent le reculer, pendant qu'avec ses basanes, il fait timidement sentir au cheval qu'il serait bien aimable de se porter en avant. — A laquelle de ces deux sollicitations ce dernier peut-il obéir ?

Ici se place naturellement le récit de l'expérience suivante : Dans un même rang furent réunis une vingtaine de vieux chevaux qui avaient la réputation de ne pas vouloir en sortir ; l'ordre fut donné aux hommes de croiser les bras sur la poitrine, puis, à l'appel de leur nom, d'envoyer deux bons coups de mollets, d'éperons même, à leurs chevaux. Plus des trois quarts sont sortis, le plus grand nombre de travers, il est vrai, mais enfin ils avaient décollé.

Recommençant cet exercice quelques instants après, et voulant montrer aux cadres que les rênes seules étaient la cause de la rétivité qu'ils avaient remarquée jusqu'ici, elles furent reprises par les cavaliers. Tous les chevaux eussent été attachés les uns aux autres par le filet, le résultat n'eût pas été plus complet.

Voilà un essai facile à faire et qui mieux que tout ce qu'on pourra dire convaincra les plus incrédules.

C'est pour les raisons qui précèdent qu'au commencement de ce chapitre le mouvement de marcher a été décomposé en deux parties : rendre, puis pousser. Il a même été parlé de rênes légèrement flottantes, afin de bien ancrer dans l'esprit de l'homme que la plus petite traction tend à entraver le départ et invite à l'immobilité ou à la défense.

En campagne, il est vrai, les chevaux seront toujours groupés ; une minorité seule aura l'occasion de s'isoler (service de sûreté en marche ou en station, estafettes), et du moment que le guide marchera, le peloton suivra. Mais comme il est impossible de prévoir qui fera partie de cette minorité, et qu'en outre, au point de vue du dressage, on sera toujours maître d'un cheval qui obéira à la leçon de marcher, on doit à juste titre la considérer comme primordiale.

Nous terminerons ces quelques considérations en parlant des éperons.

Il y a deux façons de donner la leçon de l'éperon : à la longe et en liberté. Elles sont basées sur le même principe : rendre, pour laisser la détente se produire et attaquer soudainement. A la longe l'instructeur seul peut la diriger. Il met son cavalier au trot ; au bout de quelques tours, il lui prescrit de s'asseoir, de prendre au besoin le pommeau de sa selle et d'envoyer sèchement deux bons coups d'éperons après avoir tout rendu ou mieux lâché les rênes. Lui-même a soin de ne pas entraver le moins du monde le bond en avant par son caveçon et appuie le mouvement avec sa chambrière.

En liberté, la leçon est analogue : le cavalier, bien embarqué sur la ligne droite, appliquera ses deux éperons vigoureusement et sèchement en rendant totalement. Cette dernière prescription est de toute importance. Le cheval bondira, se précipitera 15 ou 20 mètres ; on le laissera faire, puis on le reprendra à la voix et aux rênes, en le caressant. Au bout de quelques leçons données ainsi, on obtiendra vite la fuite dans les jambes à leur moindre battement, sans avoir besoin de l'éperon.

Cette façon de procéder peut paraître brutale, et pourtant son abus seul a des inconvénients. D'ailleurs, quand il s'agit du soldat, délicatesse et mollesse sont synonymes.

Vers la troisième ou quatrième semaine, presque tous les éperons pourront être découverts.

Il est bien entendu qu'on doit mettre un tempérament aux leçons données comme il vient d'être dit : que les natures nerveuses et excitables n'en ont pour ainsi dire pas besoin, et qu'il faut les éviter avec les juments pisseuses.

Quelques critiques qu'on puisse formuler à ce sujet, le vieux proverbe est là pour répondre que souvent la peur d'un mal vous conduit en un pire : la mollesse à écouter les aides inférieures peut rapidement se transformer en refus d'obéissance, si l'on n'y coupe pas court.

Aux détracteurs de l'éperon nous accorderons que son emploi inconsidéré peut produire l'affolement, mais jamais la rétivité, quelque acérées qu'en soient les pointes, *si les rênes ne se font pas sentir au moment du coup*. Quant aux hommes, loin de leur apprendre à ne pas s'en servir, nous chercherons à leur graver dans le cœur, qu'avant leurs sabres, c'est à eux qu'ils doivent faire appel au moment du combat. A nous autres officiers de leur donner l'exemple.

Arrêter.

Le mouvement est encore plus simple que celui de « marcher ». Le dresseur doit l'exécuter progressivement et droit, c'est-à-dire bien dans la direction de sa marche.

Lorsque le cavalier veut arrêter, il prévient le jeune cheval par le commandement : *Oh! là!* qu'il répète au besoin, s'assied davantage dans sa selle le corps en arrière et opère une retraite des poignets. Lorsque l'arrêt est obtenu, les rênes se relâchent complètement.

Cette retraite des poignets ne doit pas se faire d'une façon continue ; mais le cavalier tire, relâche légèrement, tire à nouveau, rend encore, et ainsi de suite jusqu'à l'arrêt. Une action différente et uniformément lourde pousse le cheval à se braquer.

On explique au cavalier que dans ce mouvement il doit rapidement, mais sans à-coup et avec douceur, raccourcir ses rênes, de façon que ses mains ne puissent pas venir au contact du corps et arrêter son effet.

Si un cheval lourd et brutal se braque pour ne pas s'arrêter, le cavalier scie d'abord légèrement et lentement du bridon, puis plus énergiquement, s'il est nécessaire, en appelant toujours son élève ; enfin, il « rend tout », une fois l'arrêt obtenu.

Il est parfaitement inutile, avec les jeunes chevaux, de se servir des jambes dans ce mouvement, la fermeture de l'une d'elles n'empêcherait pas le cheval de se traverser, puisqu'il ne sait pas obéir à un effet isolé. Les tenir toutes deux « près » amènerait d'autre part dans l'esprit du jeune cheval une confusion avec le « marcher », c'est-à-dire tendrait à obtenir le contraire de ce qu'on lui demande. Ce serait une complication et non la simplicité.

Si le cheval se traverse, le cavalier rend largement, reporte son cheval en avant sur le point de direction et lui redemande quelques pas plus loin et plus progressivement encore le même mouvement. En cas de nouvel insuccès, recourir au même remède. Le cavalier acquerra de la sorte du tact en s'apercevant lui-même des fautes qu'il commet, par les défectuosités qu'elles produisent. Au dressage le cavalier, livré à lui-même dans des exercices simples, développe avec goût ses connaissances en instruisant son cheval; l'instructeur est là pour aider l'intelligence du dresseur dans l'entendement de ce qu'il fait, et non pour la laisser dormir dans une suite de mouvements exécutés à commandement et sans en comprendre l'économie.

Après quelques caresses à son cheval arrêté, le cavalier reprend sa marche toujours sur le point de direction qu'il avait choisi précédemment. Dans ce dernier mouvement, il est recommandé particulièrement à l'homme de ne rien changer à la longueur de ses rênes avant que, sous les battements des deux jambes, le cheval ait repris sa marche : alors seulement il sent à nouveau la bouche de son cheval.

Aucun de ces détails ne peut être négligé; leur exécution scrupuleuse facilite notre besogne en réduisant les principes fondamentaux à cette formule simple, bien faite pour de braves troupiers : « Les deux jambes pour marcher, les deux rênes pour arrêter. »

Observations sur le mouvement « Arrêter ».

L'arrêt est défectueux lorsqu'il est trop brusque ou qu'il se produit traversé.

La brusquerie de l'arrêt amène rapidement chez le jeune cheval la ruine de ses membres postérieurs notamment des jarrets.

Les muscles insuffisamment fortifiés ne peuvent donner au mouvement la souplesse nécessaire : il s'ensuit des chocs violents pour les articulations, de la fatigue pour les tendons. D'où la nécessité d'arrêter progressivement.

Il faut également que le cheval soit droit. Le mouvement d'arrêter nécessite, pour être souple et régulier, un travail égal des deux hanches d'une part et des deux épaules de l'autre. Cette condition ne peut être réalisée qu'autant que l'ensemble du cheval est sur la ligne droite. L'arrêt est traversé par suite de la maladresse dans l'emploi des aides et notamment des rênes, de la paresse ou faiblesse de l'arrière-main, enfin de l'énervement ou surexcitation.

1° *Maladresse dans l'usage des aides.*

Pour arrêter, le cheval est obligé de reporter en arrière son centre de gravité, c'est-à-dire de faire refluer son poids sur l'arrière-main. C'est pour cette raison qu'il obéit presque instinctivement à la traction des rênes qui, ramenant l'encolure et la tête, en rejettent le poids en arrière, tandis que le cavalier facilite l'arrêt en s'asseyant davantage. C'est aussi pour la même cause que tout empêchement apporté à l'allongement de l'encolure, maintenant du poids en arrière, est un obstacle et par suite une fatigue lorsqu'il s'agit d'obtenir de la vitesse. Pour compléter ce reflux du poids, le cheval est en même temps obligé d'engager l'arrière-main sous sa masse, ce qui est un travail pour lui. Si donc le cavalier demande le mouvement trop vite, en opérant une traction trop énergique des rênes, le jeune élève ou se fatigue en l'exécutant ou échappe à cette sujétion en mettant ses membres postérieurs de côté. D'où la nécessité de l'arrêt très progressif, diminuant la fatigue et la difficulté du mouvement.

D'autre part, si le cavalier, manquant de souplesse, se cramponne avec ses jambes au moment d'arrêter, ou que, se souvenant de la prescription « des jambes près », il veuille l'appliquer, le jeune cheval se trouble ; il ne peut, à cause de la traction des rênes, céder à l'action qu'il croit sentir des jambes en poussant son arrière-main en avant, et il la met de côté.

Qu'il soit permis de dire en passant combien est douteux chez le cavalier la compréhension du rôle « des jambes près ». Lorsqu'il est recrue, on choisit pour l'instruire les chevaux les plus sages, et nous savons tout ce que cette épithète cache souvent de mollesse et de manque de cœur. On fera faire sur leur dos tout ce qu'on voudra : l'homme apprendra avec la même douceur les neuf positions de jambes de Baucher, nous prouvant ainsi que dès qu'on le sort des choses simples, très simples même, les mouvements qu'il exécute répondent à un ordre de son chef et non à une nécessité dans la conduite de son cheval.

2° Paresse ou faiblesse de l'arrière-main.

Ces deux défauts produisent dans l'arrêt la défectuosité dont nous parlons.

Au début, indépendamment qu'il se traque, le cheval paresseux ne veut pas s'engager de lui-même; en s'arrêtant et pour se soustraire à ce travail, il se traverse. Ce défaut se corrige par la répétition fréquente des arrêts.

Lorsque le cheval se traverse par faiblesse, soit dans son rein, soit dans ses jarrets, la grande progression dans le mouvement, sa répétition très ménagée sont les seuls palliatifs à employer.

3° Surexcitation.

Il n'y a pas à insister sur cette troisième cause de l'arrêt défectueux. La voix, la douceur, les caresses, le peu de fréquence du mouvement, surtout la longue durée de la station et le calme qu'elle procure sont les meilleurs remèdes.

Du tourner.

De toutes les façons d'imprimer à un cheval un changement de direction, la plus simple et la plus puissante est de se servir de la rêne directe. A pied, il faut qu'un cheval soit rempli de terreur ou absolument rétif pour ne pas y obéir. C'est là, aux yeux de tous, une vérité de la Palisse; et pourtant une fois monté, c'est l'effet dont notre cavalier se sert généralement le moins.

On lui a expliqué qu'en ouvrant la rêne droite le cheval est attiré vers la droite et tourne de ce côté ; qu'en fermant la jambe droite, le cheval jette ses hanches à gauche et fait face à droite ; qu'en appuyant enfin la rêne gauche sur l'encolure, la masse en était jetée à droite et que le changement de direction s'ensuivait. Il est à peine maître d'un des mouvements qui précèdent, qu'on lui prescrit de les exécuter tous ensemble et de tenir en plus la jambe gauche près pour obtenir le tourner régulier à droite par l'accord des aides ! Que doit-il se passer dans la cervelle de ce bon paysan, lorsqu'on veut y faire entrer la compréhension d'un accord souvent si difficile à obtenir avec des sous-officiers montant à cheval par goût et qu'on a exercés depuis longtemps ? L'homme exécute l'ordre et le cheval obéit par routine à sa discrète invitation, parce qu'il n'a rien en tête qui puisse l'en empêcher. Par une cause quelconque, troublez sa quiétude de pachyderme, alors le cavalier et sa monture font deux ; l'un voudrait aller à droite et l'autre s'en va à gauche.

L'aide prédominante dans le mouvement est la rêne opposée, et le cavalier perd rapidement la *notion* qu'on lui a donnée de l'action directe.

Il est évident qu'avec un homme appelé à évoluer le sabre à la main, il faut en arriver à cette obéissance du cheval à la rêne opposée : mais elle n'est qu'une conséquence, et la rêne directe n'en doit pas moins rester, pour l'homme comme pour sa monture, l'aide primordiale dans tout changement de direction.

Le cavalier, instruit comme il vient d'être dit, arrive au dressage où sa façon d'agir, incomprise naturellement du jeune cheval, met obstacle aux changements de direction qu'il lui demande. En portant les deux poignets à droite pour tourner de ce côté, la rêne droite flotte presque toujours, ou tout au moins opère une traction bien moins forte que la gauche sur la commissure des lèvres. Quant à la jambe, notre jeune élève, ne comprenant pas encore l'action isolée de l'une d'elles, ne s'en soucie pas, ou, s'il s'en aperçoit, il la repousse en s'appuyant sur elle, et, par conséquent, exécute le contraire de ce qu'on lui a demandé.

Certaines écoles enseigneront alors d'habituer, dès le début, les jeunes chevaux aux aides inférieures prises séparément. Avec des dresseurs aussi inexpérimentés que les nôtres, ce serait une dangereuse erreur. Autant renoncer de suite à atteindre notre premier but « l'obtention du mouvement en avant ». De plus, les chevaux montrent généralement plus de répulsion à céder à une jambe isolée qu'à une rêne directe; il est donc plus logique de commencer par obtenir l'obéissance à celle-ci, et de s'en servir ensuite, lorsque son effet sera imperturbablement compris, pour demander la soumission à celle-là.

Afin d'éviter les écueils dont il est parlé plus haut, on est obligé de redresser l'éducation du cavalier et de le forcer à n'employer pour l'instant que la rêne directe, à l'exclusion de toutes les autres aides.

L'instructeur donne lui-même l'exemple en abandonnant complètement la rêne extérieure et en écartant la main du côté du tourner, perpendiculairement à la direction du cheval. Il explique qu'il attire ainsi, sans opérer de traction en arrière, l'encolure et la tête vers la nouvelle direction, que les jambes continuent d'actionner le mouvement comme dans la marche, et qu'il ne cesse son effet et ne reprend définitivement ses rênes qu'au moment où le cheval fait bien face au nouvel objectif.

Lâcher la rêne extérieure constitue évidemment une exagération. Elle a pour but de mieux faire comprendre aux hommes, qu'au début, la rêne du côté opposé, par sa tension, même légère, est un obstacle à l'exécution du mouvement, et qu'ils ne doivent jamais, avec les jeunes chevaux, ouvrir une rêne sans relâcher l'autre en avançant la main.

Certains chevaux à encolure molle ne répondent pas quelquefois à l'action directe tout en pliant l'encolure d'une façon exagérée. Avec eux, plus qu'avec tous les autres, il faut appliquer rigoureusement les prescriptions indiquées en les accentuant même. Il se peut que, dans ce cas, le cavalier soit appelé à saisir la rêne d'ouverture plus ou moins près de la bouche et torde ainsi l'encolure déjà trop molle. Qu'importe : dès que le cheval verra et comprendra l'impossibilité d'éluder l'obéissance à l'action directe, la difficulté sera vaincue, et bientôt l'encolure se fixera dans le mouvement en avant. Ce serait un grand tort, pour éviter ce défaut passager, de laisser supposer un instant au cheval qu'il peut ne pas céder à la rêne directe, de même qu'aux deux jambes lorsqu'il s'agit de marcher. Les inconvénients de cette méthode seront d'ailleurs bien atténués en tournant d'autant plus large que l'encolure des chevaux est moins fixe.

En dehors du cas particulier qui vient de nous occuper, on peut dire que le rayon du tourner est essentiellement variable. Il doit toujours permettre au cheval de se plier régulièrement sur son cercle, situation indispensable pour obtenir une proportion exacte entre le travail des membres antérieurs et postérieurs, c'est-à-dire l'exécution coulante et suivie du mouvement. Il faudra donc tourner avec un rayon d'autant plus grand que la souplesse du cheval et ses forces seront moins développées.

Vouloir apprendre aux jeunes chevaux à tourner dans un manège, c'est aller au-devant de la difficulté ou de la routine. La place manque pour profiter d'un grand rayon et l'on ne peut séparer les « tourner » par de longues marches en ligne droite auxquelles il faut toujours revenir, car elles sont à notre dressage ce que le pain est à notre nourriture. Le cheval brutal et peu disposé à l'obéissance, allonge l'allure, traverse le manège n'importe comment et est une gêne pour l'ensemble. Le cheval doux, au contraire, se précipitant dans sa soumission, immobilise presque son arrière-main en tournant et exécute une sorte de demi-tour sur les hanches mal fait.

Dans la volte, les défauts s'accentuent ; elle se transforme en doubler courbe avec désordre dans le premier cas, en deux demi-tours réunis par quelques pas en ligne droite dans le second.

Sur le terrain, au contraire, l'espace dont on dispose permet les changements de direction en avançant franchement.

Lorsque les chevaux les exécutent bien en perçant, les cavaliers les font tourner sur des voltes très larges, en les actionnant toujours fortement. Ils réduisent ensuite peu à peu le diamètre de ces cercles à mesure que les encolures s'abaissent en restant fixes, que le sentiment du mouvement en avant s'incarne dans l'esprit de leurs montures et qu'elles deviennent plus souples à l'action de la rêne directe. Sitôt le mouvement terminé, les cavaliers prennent de nouveau leurs chevaux sur un point de direction.

Afin que nos élèves ne deviennent pas routiniers sur leurs cercles et qu'ils ne tournent bien qu'à l'invitation soutenue de leurs dresseurs, il est bon de cesser souvent de tourner à un moment quelconque de la volte et de marcher large sur un objectif.

Dans tout ce qui précède, il n'a été fait aucune distinction entre le tourner et la volte ou la demi-volte, parce que ces deux derniers mouvements découlent du premier. Seul le cavalier doit en connaître la différence, jamais son cheval.

Du trot.

Jusqu'ici il n'a été parlé d'aucune autre allure que du pas, parce que seul il doit être employé pendant les premières séances du travail individuel.

L'espace dont nous disposons pour donner la leçon à nos élèves ayant toujours des limites, souvent trop restreintes malheureusement, nous obligerait, s'il n'y avait d'autres raisons encore, à commencer leur éducation par marcher, arrêter et tourner.

Ces exigences des premières leçons imposées au jeune cheval à une autre allure que le pas, créeraient pour son dresseur de réelles difficultés. Notre jeune poulain aurait bientôt fait de s'y soustraire et de montrer que les moyens dont dispose le cavalier ne sont rien en comparaison du produit de sa masse par le carré de sa vitesse.

Le pas s'impose donc pendant une dizaine de jours. Au bout de cette période, la soumission et le sens du mouvement en avant sont déjà suffisants pour permettre de les rechercher à une vitesse supérieure : on entremêlera donc les marchés au pas de temps de trot très courts et peu répétés dans les débuts. Les changements d'allure sont exécutés à volonté, sans commandements de l'instructeur, dont le rôle se borne à enseigner aux hommes le ménagement à l'égard de leurs montures et à surveiller l'exécution des prescriptions qui suivent.

Le cavalier ayant un grand espace devant lui, fixe bien son point de direction, s'assied davantage, avance ses mains et actionne son cheval jusqu'à ce qu'il prenne le trot. Au bout de deux ou trois foulées, le dresseur prend le trot enlevé dont il doit toujours faire usage.

Le trot enlevé, indépendamment de la fatigue qu'il évite au cavalier et au cheval, a l'avantage de cadencer l'allure et de donner à l'homme de troupe une plus grande fixité de mains. Il serait bon de changer fréquemment le bipède diagonal sur lequel se produit la battue, afin de répartir également le travail entre les deux. Malheureusement, avec les cavaliers, on est presque obligé d'y renoncer ; ils trottent sur le pied où ils se sentent le mieux, sans pouvoir la plupart du temps distinguer si c'est le droit ou le gauche.

Dès que le cheval est bien embarqué dans son allure, le cavalier raccourcit doucement ses rênes jusqu'à ce que, sentant bien la bouche de son cheval, il lui donne l'appui, les poignets bas et écartés, afin de provoquer la descente d'encolure et d'encadrer la marche.

On peut objecter que les chevaux partent ainsi dans le vide : l'argument est sans valeur, car on leur fait prendre, en agissant de cette façon, l'habitude de courir après leur mors et d'y chercher de suite, grâce à l'impulsion des jambes, l'appui qui leur est offert immédiatement après le départ. N'est-ce pas le premier caractère du perçant ?

Les chevaux qui s'appuient franchement au début sont rares et généralement ont déjà été soumis à un travail. Les autres flottent pour la plupart, dressent leur encolure outre mesure, regardent en hennissant de droite et de gauche, sans aucun rythme dans leur allure.

Avec ceux-ci le cavalier s'efforcera de maintenir l'encolure droite par des effets de rênes directes, baissera les poignets, actionnera constamment des jambes pour maintenir l'allure et faire tomber le cheval sur la main. Dès qu'ainsi encadré et poussé, l'encolure abaissée et fixe, il marche bien droit sur son point de direction, on passera les rênes dans une main pour caresser la crinière en parlant.

En aucun cas, dans les premières séances, le dresseur ne devra sortir d'un trot lent. Une accélération prématurée de vitesse exigeant une dépense de forces que le cheval ne possède pas encore, indépendamment de la fatigue qu'elle occasionnerait, romprait la cadence de l'allure et pourrait éveiller chez lui l'idée de se soustraire au travail en se dérobant.

Si le jeune cheval, nerveux ou gai, exécute quelques bonds : lui rendre, ne jamais entraver brutalement son accès de joyeuse humeur et le calmer à la voix.

Pour passer au pas le cavalier s'assied complètement le haut du corps en arrière, appelle. son cheval par des « oh ! là ! » et exécute avec les rênes ce qui a été dit pour arrêter. Dès que le cheval est au pas, le repousser en avant les rênes longues sur le point de direction. Pour arrêter étant au trot, passer au pas puis à l'arrêt.

Pendant tout ce travail, l'instructeur va et vient sur le terrain en observant ses cavaliers. De profil il constate la cadence de l'allure, l'appui, la position d'encolure : en se plaçant derrière un cavalier qu'il laisse filer, il s'assure de la fixité dans le mouvement droit et en avant. Il rejoint celui-ci pour redresser une faute constante, ou adresse au passage deux mots d'encouragement à celui-là, s'il fait bien.

Lorsque l'officier, au bout de quelques séances, a obtenu un trot soutenu, cadencé, droit, bien appuyé, il fait commencer à cette allure les changements de direction pour lesquels jusqu'ici le pas avait été repris.

Ces changements de direction doivent se faire moelleusement sans changer la cadence de l'allure. Pour obtenir ce résultat, le cavalier observera exactement les mêmes prescriptions que dans le travail au pas, poussera son cheval s'il ralentit, le fera fréquemment passer au pas s'il allonge. Il tournera toujours sur un cercle très large, arrêtant d'abord le mouvement au demi-à-droite (ou à-gauche) puis à l'à-droite, pour arriver enfin à une volte de grand diamètre. Peu à peu celle-ci sera rétrécie avec les progrès. Sa répétition allège considérablement l'appui des chevaux et provoque des flexions.

Dès que, à la suite des leçons qui viennent de lui être données, le cheval marche bien droit et obéit très franchement à l'action directe, l'instructeur prescrit alors de ne plus relâcher autant la rêne du côté opposé dans les changements de direction, et d'appuyer avec elle, sans opérer la moindre traction en arrière, l'effet de la rêne directe. C'est ainsi qu'inconsciemment chez le cheval l'idée d'obéissance à la rêne opposée se fait jour.

Nous avons exposé plus haut que les prescriptions à suivre au début dans les changements de direction au trot étaient les mêmes qu'au pas. Leur non-observation produit des défectuosités du même genre qu'à cette dernière allure, mais plus accentuées. Que le cheval manquant de forces, insuffisamment assoupli, jette ses hanches

en dehors, ou que, trop zélé, il mette ses épaules en dedans, le remède ne change pas et réside toujours simplement dans la varia-
tion de longueur du rayon. Allongeons-le jusqu'à ce que le mouvement soit régulier pour le diminuer ensuite avec les progrès.

Il arrive quelquefois que les chevaux, surtout ceux de grosse
cavalerie, prennent en se livrant un appui lourd, et tirent violem-
ment sur leurs rênes, faisant porter au bras du cavalier un poids
considérable. Il faut alors descendre encore la vitesse du trot, faire
jouer le mors de droite à gauche dans la bouche pour diviser l'appui en le portant tantôt sur un coin de la commissure des lèvres
tantôt sur l'autre, le tromper en rendant, puis reprendre sans saccade et passer fréquemment au pas, puis à l'arrêt. Agir ainsi les
mains basses si le cheval tire la tête haute, les mains hautes si la
tête est placée bas.

Il n'est pas besoin de dire que tout ce travail au pas et au trot
doit être réglé de façon à ne produire ni lassitude appréciable, ni
transpiration dangereuse étant donnée la saison.

Notre élève est comme l'homme de recrue : le surmenage blesse
ce dernier, l'exténue, fait de tout son être le meilleur des bouillons
de culture pour les microbes infectieux ; il déprime également le
jeune cheval, développe en lui l'idée de la défense et peut ruiner
prématurément une nature sur laquelle on était en droit de fonder
les meilleures espérances.

On peut arrêter à ces indications ce qu'il y a à dire sur le travail
à volonté, sa durée doit être au moins de deux mois (jusqu'au 15
ou 30 janvier), en portant si l'on veut à trois le nombre des repos
par semaine dans le début.

Si des circonstances particulières (neige, glace etc.) mettaient
entrave à l'accomplissement du travail à volonté sur le terrain, il
vaudrait mieux ne pas essayer de l'exécuter dans un espace couvert
et restreint. Il serait préférable de le remettre à une date ultérieure
plus favorable, et employer son temps de manège à un entraînement progressif des forces des jeunes chevaux, pour leur permettre
de faire une médiocre figure dans le rang en cas de mobilisation
au printemps. S'en servir pour tout autre exercice au commencement de leur dressage, c'est enseigner aux chevaux la routine, leur
apprendre des mouvements et non l'obéissance aux aides.

Travail à l'extérieur.

Ce travail, qui fait suite au travail à volonté, doit avoir une durée de 3 ou 4 mois avec 2 jours de repos par semaine. Il a pour but de confirmer le jeune cheval dans les connaissances qu'il a acquises précédemment et d'en élargir le cercle. Il s'exécute sur les routes et, si possible (de temps en temps), en terrain varié, sans obstacle à sauter.

Les cavaliers marchent individuellement ou par groupes de deux lorsque leur nombre est trop considérable.

L'instructeur a préparé d'avance autour du quartier une série d'itinéraires dont la longueur varie entre 7 et 18 kilomètres.

Dans chaque séance, l'itinéraire fixé d'après la force de la moyenne des chevaux est le même pour l'ensemble, afin de permettre à l'officier une surveillance effective.

Il indiquera avant le départ la vitesse de marche qui ne devra jamais, même dans les derniers temps, être supérieur à 9 kilomètres à l'heure. La moitié des hommes fait le circuit dans un sens l'autre moitié dans l'autre, à des distances aussi grandes que possible ou tout au moins suffisantes pour que les chevaux n'aient pas la sensation de suivre ceux qui les ont précédés sur le même chemin.

Les premières séances naturellement sont courtes ; le trajet à parcourir s'y exécute en une heure toujours au pas. Peu à peu l'instructeur modifie la longueur de route et la vitesse de marche, surveillant de près l'état des chevaux et de leurs membres. Il y a là deux guides qui doivent lui servir à diriger sûrement son entraînement.

Sitôt qu'il s'aperçoit d'une fatigue, qu'on lui rend compte d'une inappétence, il donne des repos plus fréquents à ses retardataires, et s'occupe des soins particuliers dont ils ont besoin.

Au point de vue des cavaliers, ce travail doit être un plaisir et non un service. Ils se sentent livrés à eux-mêmes ; l'affection qu'ils ont pour leurs chevaux, et sans laquelle il n'y a pas de cavaliers possibles, augmente, et c'est une joie pour eux de recueillir les premiers fruits de leurs efforts.

Ils poussent leurs chevaux en avant sans gêne, les rênes longues, les caressent, leur parlent, apprennent à les ménager, ne font plus qu'un avec eux.

L'instructeur leur prescrit de rechercher les terrains doux, les bas côtés, d'éviter l'allure vive sur un sol trop dur, dans les montées et les descentes ; il leur recommande, lorsqu'ils sont au repos, de passer, tout en fumant leur pipe, les rênes dans une seule main pour confirmer leurs chevaux dans l'obéissance à la rêne opposée.

Par ce travail, le perçant du jeune cheval s'accroît encore, en même temps que ses forces augmentent suffisamment pour supporter plus tard le travail au galop ou être en état de suivre leur peloton en cas de mobilisation.

Si l'instructeur a à sa disposition un terrain varié qu'il puisse traverser sans s'attirer des désagréments avec les habitants, il en profitera pour y faire passer ses chevaux afin de les rendre adroits.

Il expliquera à ses hommes que la plus grande liberté doit y être laissée à leurs élèves, dont l'instinct développera l'adresse et leurs bottes l'énergie.

Au commencement du 3e mois (15 avril), on consacrera 3 ou 4 séances à habituer le cheval à supporter le sabre et la carabine (cuirassiers). Pour cela, en présence de l'officier, les hommes attacheront ces armes à leurs selles et prendront leurs chevaux en main. Avec les natures nerveuses ou peureuses on ne mettra qu'une des deux armes ; un aide est présent pour intervenir en cas de besoin. Si le cheval après quelques allées et venues au pas et au trot reste calme, on le fait monter et on prescrit à son cavalier de faire avec lui une courte promenade au pas. Vient-il au contraire à manifester de l'appréhension, on tâche de le calmer par la voix et les caresses et, si ces moyens sont insuffisants, qu'il s'affole, l'aide décroche le sabre et l'expérience est reprise lorsque le cheval est rentré dans son état normal. Il faut se persuader que la violence n'amènera aucun progrès, et que la patience, la douceur et les caresses doivent seules être employées. Au surplus, lorsque l'insuccès est définitif, ce qui est rare, on pourra fixer à la selle un porte-sabre analogue à celui employé par les officiers, qui occasionne moins de ballant et de bruit.

Les chevaux s'effraient en général très peu de la carabine, dont le lourd balancement n'est accompagné d'aucun cliquetis.

Le lendemain et les jours suivants, les jeunes chevaux, d'après leur attitude de la veille, feront une légère promenade montés ou tenus en mains et munis de leurs armes. Lorsque leur accoutumance sera complète, le travail à l'extérieur tel qu'il a été indiqué sera repris avec le sabre, mais sans la carabine, afin de ne pas surcharger inutilement les chevaux.

Pendant leurs excursions, les cavaliers sortiront de temps en temps le sabre du fourreau et l'y remettront doucement sans bruit en s'arrêtant d'abord, puis en marchant. L'instructeur leur expliquera la progression et la patience qu'il faut apporter dans cet exercice et les funestes effets des coups donnés au moment d'une peur. Il le commandera aux hommes qui lui tombent sous la main, et constatera de cette façon les progrès accomplis. Des moulinets, exécutés d'autant plus lentement que le cheval a une tendance à s'effaroucher davantage, mais sans jamais insister outre mesure, complètent cette leçon.

Les cavaliers doivent considérer ces exercices comme un passe-temps du travail à l'extérieur et non comme son but définitif.

Puisqu'il a été parlé, dans ce chapitre, de l'accoutumance des chevaux au sabre et à la carabine, nous le terminerons en disant quelques mots de la lance et du bruit des armes à feu.

Le dressage à l'emploi de la lance en ce qui concerne le cheval, se fait d'une façon analogue à celui du sabre. Au surplus, l'habitude de ce dernier prépare la tolérance des mouvements plus étendus de la lance. Insister sur le dressage à cette arme serait donc répéter ce que nous avons dit plus haut en parlant du sabre et de ses moulinets.

Pour habituer les chevaux aux détonations des armes à feu, le procédé le plus simple consiste à rapprocher progressivement les chevaux haut le pied de la ligne des tireurs, lorsque l'escadron exécute des feux. Les chevaux de l'artillerie ne se dressent au bruit du canon que par la proximité des pièces en action de leurs avant-trains. Ce dressage n'a pas d'ailleurs pour nous une grande importance, la cavalerie ne tirant pas à cheval, et aucun de nous n'ayant jamais vu une charge lancée sur de l'infanterie ou de l'artillerie arrêtée par le bruit.

En tout cas, quels que soient les procédés employés pour accoutumer les chevaux aux détonations, ils ne doivent jamais troubler le repos de l'écurie, ni faire appel à la violence.

Observations sur le travail à l'extérieur.

S'il y a peu d'officiers qui contestent l'utilité de ce travail d'entraînement, il y en a du moins beaucoup qui présentent à son sujet des objections, dont la plus sérieuse est l'indépendance très grande laissée aux cavaliers. Ils affirment que le manque de surveillance immédiate amènera, par les bévues des hommes ou leurs incartades de jeunesse, la ruine d'un certain nombre de chevaux. L'argument a sa valeur : il est évident qu'avec un commandement étroit, basé sur les punitions, les cavaliers subitement libres (affranchis serait mieux), auront tendance à manifester leur joie par quelque sottise. Le cas est heureusement rare. L'indépendance a d'ailleurs été donnée à chacun dès le commencement du dressage et les cavaliers s'y sont familiarisés. L'attitude de l'instructeur a été celle d'un professeur bienveillant ; il a toujours donné les raisons de ce qu'il prescrit. Faisant plus appel à l'émulation, au bon vouloir, à l'intelligence de ses hommes qu'à leur discipline, il leur a appris à aimer leurs chevaux. Il s'est imposé à ses cavaliers par ses connaissances supérieures, par l'à-propos et la justesse de ce qu'il leur a prescrit ; il a acquis leur dévotion grâce à l'intérêt bienveillant qu'il leur a porté, et s'il les surprend à l'improviste pendant leur travail, il lira dans leurs yeux plutôt le désir d'un compliment qui les rendra fiers, que la crainte d'une punition. La salle de police peut faire marcher, la sollicitude et l'émulation feront courir.

Ce genre de travail n'est évidemment pas aussi facilement exécutable dans les grandes villes ou sous des climats trop froids. Mais ces impossibilités constantes ou momentanées ne peuvent qu'entraver le travail à l'extérieur ou en diminuer la durée, sans infirmer le moins du monde la valeur qu'il a en principe.

Du galop.

Nous arrivons en ce moment vers le milieu d'avril. Les jeunes chevaux ont acquis du perçant et de la force, nous allons leur donner leur premier temps de galop sur le terrain.

Dans la grosse cavalerie, les chevaux se formant très tard, on est obligé de les attendre. Aussi n'est-il pas question dans ce chapitre d'un travail sérieux, mais d'un exercice destiné à compléter les résultats acquis dans les périodes précédentes, et non à les compromettre par des fatigues, qui amèneraient rapidement une ruine complète des membres.

Dans ces conditions, les temps de galop devront être très courts (500 à 1,000 mètres), et ne seront répétés que deux fois par semaine au début, trois fois à la fin du mois que nous consacrerons à ce travail.

Il est nécessaire que l'instructeur les dirige lui-même pour chaque cheval individuellement ; à cet effet, il donne le commandement de sa classe à un sous-instructeur.

Celui-ci dispose ses cavaliers sur un carré plus ou moins grand, suivant le nombre de ses chevaux ; les selles sont munies du sabre. Il fera répéter chaque jour à distances indéterminées, les différents mouvements du maniement et de l'emploi du sabre dans le travail en armes, veillant toujours à obtenir la tranquillité la plus parfaite au pas et au trot. Au bout de la première quinzaine, on apportera quelques objectifs (mannequins, têtes) qu'on disposera, les uns à l'intérieur du carré, les autres le long des pistes, soit en dedans, soit en dehors. Les chevaux seront d'abord habitués à passer auprès d'eux, les sabres restant au fourreau. Dès que le calme complet sera obtenu, la direction assurée, les cavaliers mettront le sabre à la main et s'en serviront avec douceur d'abord, et sans y mettre la moindre force. En cas de trouble ne pas insister, remettre le sabre ou tout au moins ne pas s'en servir, et revenir aux leçons précédentes. Dans cette circonstance comme dans bien d'autres d'ailleurs, revenir en arrière c'est progresser.

Pour tout ce travail il est nécessaire de rappeler encore au cavalier que les mouvements du bras droit ne doivent jamais intéresser la main gauche, les à-coups même légers ne pouvant qu'augmenter l'appréhension du sabre, en coïncidant avec son emploi.

Revenons maintenant au travail au galop exécuté sous la direction personnelle de l'officier.

Les cavaliers pour cette leçon laissent leur sabre sur le carré. Il est bon de préparer les chevaux à l'exercice du galop par le trot allongé qui les habituera à un supplément progressif d'efforts ; cette progression ayant pour but d'empêcher le cheval de se dérober afin d'éviter la dépense de forces supplémentaires que nécessitera le galop.

Le cavalier désigné part au trot réglementaire, fournissant bien l'appui, prenant sa direction du côté opposé à la sortie, dans le sens de la plus grande longueur du terrain. Dès que le cheval est bien embarqué, le dresseur accélère l'allure avec ses jambes, de façon à permettre l'allongement de l'encolure pour le supplément de vitesse qu'il demande, mais tout en conservant l'appui lorsqu'elle est obtenue. Au bout de 300 ou 400 mètres, il reprend son cheval, passe au trot puis au pas, pour revenir dans le carré, où il met pied à terre un instant et rattache son sabre.

Si, dans ce travail, le cheval s'écarte de sa direction, l'y ramener en ralentissant au besoin l'allure.

L'instructeur veille à ce que le cavalier conserve l'appui sans gêner son cheval, qu'il l'actionne franchement et marche bien sur le point qu'il a choisi lui-même.

Lorsque tous les chevaux sont familiarisés avec cet allongement du trot et l'exécutent correctement, l'instructeur leur prescrit de les laisser s'échapper au galop en actionnant davantage, et en rendant du bridon afin de faciliter l'allongement et le mouvement de bas en haut de l'encolure qui enlève le départ à la première foulée.

Dès que le cheval est au galop, le cavalier reste bien enfoncé dans sa selle, encadre et appuie son cheval les mains basses, ne perd pas de vue son point de direction et maintient l'allure avec ses jambes.

Les jeunes chevaux, pour la plupart du moins, tendent naturellement à augmenter la vitesse de l'allure. En dehors de la gaieté et de l'excitation, la faiblesse de l'arrière-main, ne permettant pas le rassembler et l'équilibre d'une allure moins vive, les met sur leurs épaules et une vitesse supérieure se produit. Il serait nuisible de vouloir immédiatement la réduire dans de trop grandes proportions.

On devra donc s'efforcer de les ramener par les rênes et surtout la voix à une allure telle, pour chaque cheval, qu'en en diminuant la vitesse il passerait au trot, *sans pour cela descendre au-dessous de l'allure réglementaire.*

Si au contraire le cheval manquait de cœur à l'ouvrage, les jambes du cavalier devraient lui en fournir. Avec certaines natures entièrement molles ou très en retard, il est avantageux de faire donner la leçon derrière un cheval de meilleur sang, qui servira en cette circonstance de professeur. Le travail du second se trouvera allégé, et bientôt il pourra se passer de maître d'école.

La dépense considérable de forces que nécessite cet exercice nous oblige évidemment à éviter sa fréquence et à limiter sa durée. La longueur du temps de galop doit être d'autant plus petite que le jeune cheval est d'une classe inférieure, ou plus délicat.

C'est pour ces différentes considérations que l'action personnelle de l'instructeur est indispensable.

La distance parcourue toujours en ligne droite au galop s'accroîtra peu à peu, mais ne dépassera jamais 1,000 à 1,200 mètres.

Les jours où l'instructeur ne veut pas galoper ses jeunes chevaux, il fait exécuter le travail en armes ou emmène sa reprise à l'extérieur.

Observations sur le travail au galop.

Le gros défaut de nos cavaliers dans ce travail est d'être suspendus entre leurs rênes et leurs étriers. Il s'ensuit qu'ils ne sont plus maîtres de la direction ni de l'allure ; celle-ci s'accélère quand le cheval se braque, et diminue lorsqu'il ne se braque plus. De plus, les encolures, maintenues dans une position contraire à celle qu'elles devraient avoir pour galoper, n'aident aucunement le mouvement, le gênent même, et la fatigue qui s'ensuit est telle qu'avec une dépense identique de forces chez le cheval on pourrait facilement faire le double de la distance parcourue.

Il importe donc de bien faire comprendre aux cavaliers qu'emprisonner ainsi l'encolure, produit le même effet chez le cheval, que si l'on fixait chez l'homme les bras le long du corps lorsqu'il veut courir. Le cheval ainsi gêné, ou ralentit son allure, ou, s'il marche, cherche à s'affranchir de ce qui l'entrave et tire à pleins bras.

Pour galoper convenablement leurs chevaux, il faut donc que les cavaliers, bien assis, baissent leurs mains pour provoquer ou faciliter la descente de l'encolure, et lui fournir légèrement un appui qui doit en suivre les balancements sans les entraver jamais.

La vitesse réglementaire du galop convient bien à la moyenne des chevaux. Assez rapide pour qu'ils soient forcés dans une marche de se maintenir d'eux-mêmes à cette allure (à part quelques grands trotteurs), elle ne l'est pas suffisamment pour les épuiser trop vite.

Réduire le galop normal c'est imposer au cheval un équilibre, dont les nôtres avec leur classe s'accommodent fort bien, mais qui produit une fatigue inutile chez le cheval de troupe.

La vitesse réglementaire ne convient évidemment pas dans un manège. Qu'importe? le cheval du simple cavalier devant être avant tout un cheval pratique, d'extérieur, de guerre, il est illogique de le routiner sur un travail dont le but unique est de présenter une reprise, qui ne sera qu'un trompe-l'œil.

La plus grande partie du temps passé au galop par nos soldats est employée au ralentissement de cette allure, alors que la vitesse réglementaire seule est prescrite lorsqu'ils figurent comme combattants. Il en résulte une non-accoutumance chez l'homme comme chez le cheval, qui fait crisper l'un et affole l'autre dans la moindre marche de l'escadron en bataille.

Ce serait un progrès que de réduire le champ d'études du troupier en ce qui concerne l'équitation. Considérez une classe de jeunes chevaux à la fin de leur première année. L'instruction qu'on lui a donnée est simple, en harmonie avec les moyens intellectuels des hommes ; les chevaux sont droits. Prenez ce même groupe au bout d'un an de service de troupe, vous constaterez le nombre exagéré de ceux que les finesses des « appuyer », des « demi-tours sur les hanches », des « départs au galop » ont rebutés.

Pourquoi ne pas borner l'équitation du soldat à l'étude des mouvements nécessitant l'emploi des aides simples (action simultanée des jambes, des rênes et actions directes), réservant les effets diagonaux pour l'instruction des sous-officiers?

Quoi qu'il en soit, et sans parler de descendre au galop de manège, il est quelquefois nécessaire de ralentir la vitesse de certains chevaux, dont l'allure est trop allongée. Quatre-vingt-dix-neuf fois sur cent, la main du cavalier est la cause de cette fougue qu'on remarque chez sa monture; elle donne un appui lourd sur lequel le cheval se braque. C'est à qui tirera le plus fort, et l'homme est toujours battu. Il se passe ce qui se produit à la longe, lorsque, sous prétexte de « dresser » une pauvre bête affolée, 2 ou 3 gaillards aident un gradé maladroit à tenir la ficelle. Dans ce dernier cas, le remède consiste à renvoyer les hommes à leur pansage, à prendre soi-même la longe et à professer le gradé. A cheval, la situation est identique: on remplacera pour quelques instants le dresseur par un de ses camarades plus dégourdi ou mieux, on montera le cheval soi-même, s'arrangeant pour finir son temps de galop en présence de l'homme, les rênes abandonnées, l'animal broutant.

Cet exemple exagéré, joint aux préceptes, sera la leçon la plus profitable pour le cavalier et pour son élève.

Il n'y a pas lieu de parler ici du galop allongé, cette allure devant être réservée pour une date beaucoup plus éloignée.

Du saut d'obstacles.

L'importance considérable donnée au saut d'obstacles est pleinement justifiée par l'adresse en terrain varié qu'il donne au cheval, par la crânerie et l'entrain, les deux qualités essentielles du cavalier, qu'il développe chez l'homme.

Il serait parfait d'employer dans cette partie du dressage, en ce qui concerne les chevaux de troupe, la méthode de la longe qui est la meilleure. Mais le temps que ce travail nous prendrait nous oblige malheureusement à le réserver pour les chevaux dont nous voulons développer les bonnes dispositions, vaincre les répulsions, ou faire disparaître la trop grande maladresse.

Presque tous les quartiers sont munis actuellement d'un couloir d'obstacles et les escadrons y font, une fois par semaine au moins, passer leurs chevaux. C'est le meilleur exercice.

Il n'y a pas à s'occuper ici de la façon d'ordonner ce travail, ni des cris et des claquements de fouet qu'il faut y interdire : ce serait répéter ce qui se dit chaque jour et sortir de notre cadre.

Nous insisterons seulement sur la nécessité d'y mettre dès les premiers mois les jeunes chevaux.

Les obstacles des couloirs exigent en général plus de franchise que de force. En hauteur, ils atteignent 70 à 80 centimètres, en largeur 1ᵐ,50 environ, ils sont donc à la portée des natures les moins bien douées. On peut par conséquent y mettre les jeunes chevaux, non pas isolément, mais chaque élève avec un ou deux professeurs bien droits, au train modeste et calme ; au bout de quelques séances, ils feront facilement seuls le parcours. Il faut observer leurs procédés de saut, afin de les corriger s'ils sont constamment défectueux, en les prenant à part et à la longe. Chaque jeune cheval au bout de 5 ou 6 séances a son style naturel en présence des obstacles. Tel s'embarque posément, calcule bien sa battue, fait froidement un effort un peu supérieur à ce dont il a besoin, ce sera plus tard un virtuose, s'il tombe en des mains expérimentées. Tel autre part comme un fou, passe tout à « tombeau ouvert », accusant à peine les obstacles. Celui-ci ralentit à chaque saut, trouve moyen de se mettre à cheval sur la barre et de passer la douve à gué ou sur ses côtés. Celui-là enfin, a une répulsion profonde, va en zigzag dans le parcours, tâtant un peu partout la solidité des lices et à grand renfort de démonstrations, saute des quatre pieds à la fois.

Or, tous ces chevaux sont destinés à former nos rangs, c'est-à-dire des lignes pleines de cohésion sur n'importe quel terrain. L'instructeur s'attachera donc à unifier, autant que possible, le mode de tous ses chevaux. Il ordonnera qu'on laisse le premier absolument tranquille, qu'on calme le plus possible à la voix le second ; que le troisième soit vigoureusement poussé lorsqu'il arrive à 5 ou 6 mètres de l'obstacle ; il ne fera jamais enfin sauter le dernier isolément avant longtemps, et si les obstacles peuvent se descendre, il les lui réduira.

Une faute souvent commise consiste à ramener une seconde ou

une troisième fois à l'entrée du couloir, les chevaux qui se sont montrés mous, indécis ou maladroits. C'est vouloir aggraver leurs défauts : croyez-vous qu'un cheval qui est flottant ou sans cœur ne précipitera pas davantage sa corvée, s'il est sûr de trouver au bout du couloir le chemin de son écurie ?

S'il a été maladroit et a failli tomber, ne vaut-il pas mieux l'envoyer réfléchir sur cette impression salutaire ?

Un de nos camarades qui a eu certainement plus de succès que les meilleurs d'entre nous dans les concours hippiques, ne renvoie jamais ses chevaux à l'écurie que sur une faute, et avec des vainqueurs comme « le Czar », il était obligé de la combiner.

Quelques soins qu'apporte l'instructeur à la leçon donnée dans le couloir, il n'en est pas moins forcé pour quelques natures à avoir recours au travail à la longe.

Il commence donc par les y dresser sans obstacles, s'il ne l'a pas fait dans les premières semaines. Dès que le cheval est confirmé, on le met en présence de la barre. En principe, on donnera au cheval qui se retient un grand rayon de cercle, pour qu'il ait la facilité de prendre l'allure qu'on veut lui imposer dans le saut. On fixera autant que possible la barre et on raccourcira de plus en plus le rayon avec le cheval sautant très vite et sans accuser l'obstacle.

Dans tous les cas, au commencement et à la fin du travail, la barre sera passée à terre. Pendant l'exercice, faire tourner le cheval devant l'obstacle, sans sauter, jusqu'à ce qu'il soit calme : ne demander un saut qu'après quelques tours de longe et ne jamais le répéter au tour suivant, afin de ne pas supprimer par la routine, ou troubler par l'excitation la sage réflexion qui doit y présider ; ne pas demander plus de 4 ou 5 sauts à chaque main pour éviter l'écœurement ; enfin, lâcher la longe après l'obstacle, plutôt que de donner une saccade de caveçon.

Les détracteurs de cette façon de procéder disent qu'elle apprend au cheval à se dérober. Tous ceux qui l'ont assidûment pratiquée savent par l'expérience qu'il n'en est rien et qu'avec les chevaux « dérobards » les résultats qu'elle procure sont excellents, parce qu'à pied le caveçon bien manié est une aide plus puissante que toutes celles dont on peut disposer à cheval pour combattre les indocilités. Avec les braves chevaux bien droits, cette méthode développe au plus haut point la précision et la puissance. Les membres des sociétés hippiques diront combien depuis une quinzaine d'années ils ont constaté de changements et de progrès ; c'est à elle qu'on les doit.

Du saut monté.

Le cheval longuement préparé, selon l'exposé du chapitre précédent, a acquis la franchise, l'adresse, le goût de l'obstacle : ces qualités se maintiendront avec un bon dresseur ; elles s'atténueront, disparaîtront même, pour peu que le cheval ait du caractère, avec un maladroit.

Ce n'est pas chose facile que d'obtenir un saut à peu près convenable de nos cavaliers ; l'à-coup, si funeste dans ses conséquences, est instinctivement de rigueur pour l'homme. Quelle raison auraient les chevaux de montrer autant de répugnance pour un effort généralement insignifiant, s'ils n'étaient gênés et massacrés dans son accomplissement ? Il est donc plus sage de ne pas faire de l'homme le dresseur du jeune cheval sur l'obstacle, et d'exiger seulement de lui qu'il n'entrave pas avec ses mains, qu'il aide même avec ses jambes l'exécution d'un travail qu'une longue pratique « à vide » a rendu familier. C'est donc sur le cavalier que se portera toute l'attention de l'instructeur et c'est lui qui le guidera dans sa progression.

Un mois environ avant la fin du travail à l'extérieur, les jours où le dressage laisse la route pour venir sur le terrain, la barre sera placée par terre au milieu du carré ; les hommes la passeront dans un doubler dans la longueur, rendant franchement au moment où le cheval va l'enjamber. Déjà si l'officier a conduit sa troupe dans un terrain varié, il a insisté sur la nécessité de ne pas entraver les mouvements de l'encolure ; ces prescriptions seront répétées à satiété, jusqu'à ce qu'elles soient entrées dans les cerveaux les plus rebelles.

Ici deux écoles : les uns ordonnent de baisser les poignets en les avançant, les autres de laisser glisser les rênes entre les doigts.

Les premiers se basent sur ce que la direction peut être plus facilement assurée après l'obstacle.

Si cette façon d'agir a le léger inconvénient de faire prendre quelquefois au cavalier une position défectueuse, elle a surtout celui de ne pas éviter l'à-coup, ce qui est plus grave ; pour peu que le cheval imprime à l'homme un déplacement d'assiette, les mains ont vite fait de remonter avec brusquerie et par conséquent de donner une saccade violente sur la bouche. Il est ensuite très difficile pour le cavalier de saisir le moment où il doit avancer les mains. Trop tôt, le cheval risque de se dérober ; trop tard, il reçoit l'à-coup.

La deuxième méthode supprime totalement l'à-coup, mais elle a le tort d'être plus difficile à inculquer aux hommes, principalement en ce qui concerne la reprise du cheval après le saut. Les hommes qui ne sont pas rompus à ce procédé laissent malgré eux pendant quelque temps la direction à l'instinct de leur monture. Néanmoins il est préférable au premier, parce qu'il assure plus complètement la liberté d'encolure, le cheval prenant ce qu'il lui faut de longueur de rênes, et qu'il supprime radicalement la cause première du refus. Si l'homme est déplacé, c'est après le pommeau qu'il se raccroche, et non après la bouche de son cheval. Le saut dans ces conditions nécessitant beaucoup de pratique chez le cavalier, il est nécessaire de l'y habituer très progressivement.

La barre à terre est passée sans sauter, au pas et au trot. Les hommes s'enfoncent dans leurs selles, fixent les jambes, laissent les mains en place, mais desserrent les doigts un peu avant la barre ; 2 ou 3 pas après, ils reprennent les rênes sans brusquerie. Pour exécuter ce dernier mouvement, ils passent rapidement le bridon (ou les 4 rênes) dans la main gauche, puis, le saisissant en arrière de cette main avec la main droite, ils le tirent jusqu'à ce qu'il soit ajusté ; enfin séparent les rênes. Le mouvement sera le même plus tard avec le sabre à la main. La répétition de cet exercice fera exécuter aux mains la gymnastique nécessaire pour qu'il se fasse rapidement et moelleusement.

Sitôt que les cavaliers ont compris et qu'ils jouent bien avec leurs rênes, on élèvera peu à peu la barre qui atteindra au bout de quelques séances 35 à 40 centimètres au maximum, et sera toujours abordée au trot. Le but de cet exercice n'est pas de faire réellement sauter le cheval, mais de le confirmer dans sa franchise lorsqu'il porte le poids de son cavalier. Plus tard, nous reviendrons sur la question du saut, pour arriver à la hauteur normale de l'obstacle pris au galop.

Il est bien entendu que tout cheval indécis dans le couloir, ou ayant besoin de la longe, ne prend part à ces exercices que lorsque la barre est à terre ou extrêmement basse, et en tout cas derrière un camarade bien droit.

Il semble qu'il soit illogique d'étudier ainsi le saut de la barre, le cheval de guerre ne la rencontrant pour ainsi dire jamais à l'extérieur. Il n'en est rien. La barre est au saut ce que sont les jambages des enfants à l'écriture ; quel que soit l'obstacle, les qualités exigées sont toujours la franchise, la puissance et l'adresse. Une fois qu'elles sont acquises sur la barre d'un emploi si facile, elles se manifesteront partout, quand l'odorat et les caresses auront fait disparaître la peur d'une nouveauté.

De la bride.

En plaçant ici le paragraphe concernant la bride, cela ne veut pas dire que son emploi s'impose à ce moment dans le travail à l'extérieur : mais nos jeunes chevaux étant mobilisables, il est bon qu'ils aient la connaissance du mors et de son emploi.

Quels que soient les soins apportés à l'instruction de nos hommes, le mors de bride n'est malheureusement entre leurs mains qu'un instrument, qui supplée par sa puissance à l'insuffisance de l'effet du filet dans leurs tractions.

Leur causer de flexions, d'engagement, d'appui alternatif de bride et de filet, c'est leur parler hébreu. Leurs doigts sont fermés sur leurs rênes comme s'ils tenaient une poignée d'or. Si la cause de ce défaut résidait uniquement dans l'embarras que donnent les quatre rênes, l'habitude de s'en servir le ferait disparaître rapidement. Il provient malheureusement de ce qu'un paysan de la veille, sacré cavalier au bureau de recrutement, ne peut, au bout de quelques trimestres passés au régiment, ne faire qu'un avec son cheval, comprendre ses moindres pensées, et arriver à ce que son rein, ses bras et ses jambes déterminent simultanément l'exécution harmonieuse de sa volonté. Un travail de plusieurs années, une série de dressages, procurent seuls la sensation plus ou moins complète du cheval. Les oppositions, les cessions, les effets de jambes ne sont invariablement justes que quand ils sont devenus instinctifs. Aurions-nous la naïveté de penser que le résultat d'un travail assidu et raisonné sera atteint après quelques explications par des natures manquant généralement d'intelligence et de dispositions premières ? Les chevaux sauront lire avant que nos hommes, pris en bloc, avec le peu de temps que nous les possédons sachent leur parler.

Au surplus, cela n'a qu'une utilité contestable : il faudrait passer leurs trois années à ne faire que de l'équitation proprement dite, pour arriver à un résultat qui ne serait souvent que l'accommodement de tel homme avec tel cheval dans une reprise, alors que notre but est de former cavalier et cheval de guerre.

Pour en revenir à l'objet de ce chapitre, les hommes doivent simplement être convaincus de la supériorité du filet pour la direction, de la bride pour le rappel. Encore est-il bon de leur faire remarquer que l'impression du mors étant beaucoup plus douloureuse, la brusquerie dans son emploi provoque les défenses, et la continuité de son appui l'engourdissement, qui rend les barres absolument insensibles. C'est pour cette dernière raison qu'ils ne devront jamais serrer les gourmettes. Dans les premières séances, on s'assurera que celles-ci sont suffisamment lâches pour ne produire, quoi qu'il arrive, aucun effet, et les chevaux seront menés sur le filet sans se servir des rênes de bride.

Le jeune cheval s'habitue ainsi au contact du mors avec lequel il joue : en rentrant au pas au quartier, les chevaux seront pris sur les quatre rênes toujours très allongées.

Dans le cours des sorties suivantes, l'usage de la bride doit s'accentuer avec la bonne grâce des chevaux à l'accepter ; on rappellera au cavalier la supériorité du filet sur la bride dans les changements de direction, et on conseillera un juste usage de l'un et de l'autre.

Examinons, en effet, la situation d'un cheval du rang dans la marche au galop.

En le tenant sur le filet uniquement, on le maintient en lui renversant l'encolure en arrière, et par conséquent on le fatigue, en lui écrasant les jarrets. Si le lad d'une écurie d'entraînement baisse son cheval sur le filet, c'est que, en s'enlevant sur ses étriers, il peut descendre les mains de chaque côté du garrot. Notre cavalier, lui, est assis et s'il a le sabre hors du fourreau, sa main est au-dessus du pommeau de la selle déjà très élevé. Dans ces conditions, il lève la tête de son cheval, et s'il tire, il la renverse.

En menant dans les mêmes circonstances uniquement sur la bride, le rappel se produit en ramenant la tête et en grandissant l'encolure : l'avant-main s'élève, il se produit un reflux de poids sur l'arrière-main qui s'écrase comme dans le premier cas.

L'emploi exclusif de la bride ou du filet est donc à rejeter : leur usage combiné donnera au contraire le placer descendu et moyennement allongé nécessaire pour réaliser l'économie des forces. En principe, le filet tend le cheval, la bride le ramène avec affaissement d'abord, puis plaque la tête en rouant l'encolure. Il faut que le cavalier connaisse et comprenne bien ces deux effets distincts, puis, qu'avec les conseils de l'instructeur, il s'en serve pour obtenir, sous l'impulsion de ses jambes, un placer qui dans tout travail donnera à son cheval le minimum de fatigue. C'est en cela que réside pour lui le véritable accord des aides.

Du vert.

Nous sommes au 15 mai, commencement d'une période de repos pour les jeunes chevaux soumis généralement au régime du vert.

Le chiffre des détracteurs de cette alimentation augmente à juste titre chaque jour.

Le fourrage donné sous cette nature est un médicament et, par conséquent, doit être réservé aux chevaux désignés par le vétérinaire comme ayant besoin de se refaire à la suite de maladies contractées antérieurement. Ils sont en petit nombre, représentent une exception, donc ce régime dans sa plénitude, doit être exceptionnel.

Si, pour éviter l'abaissement considérable qu'il produit sur les forces des chevaux en général, il est réparti sur la masse, il ne sert pas à grand'chose, tout en privant l'escadron d'une partie de son avoine.

Si, par contre, on distribue le vert en grande quantité à un lot de 20 ou 30 chevaux, ou qu'on les envoie à la prairie, c'est mettre ce groupe pour longtemps dans des conditions tout à fait inférieures au point de vue de la mobilisation : nos jeunes chevaux, à peine prêts par eux-mêmes, n'ont pas besoin d'un nouvel élément de débilitation.

Il y a là une contradiction avec la hâte qu'on apporte dans l'instruction de beaucoup de régiments pour avoir des hommes prêts au début du printemps : le but est-il atteint avec les cavaliers, vite on s'en éloigne avec leurs montures. Parleriez-vous sérieusement à une industrie dont le cheval est l'outil, — les compagnies d'omnibus ou voitures à Paris, par exemple, — de mettre régulièrement au mois de mai une partie de sa cavalerie au régime du vert? Encore cette période précède-t-elle pour ces compagnies une morte-saison, tandis que nous sommes, nous autres, sans parler de guerre, à la veille de gros efforts.

On alléguera qu'en campagne la nourriture du cheval, à défaut d'autre, pourra lui être donnée sitôt fauchée, et que la cavalerie du premier Empire, recourant souvent à ce procédé, n'en a pas moins fait des merveilles.

Pourquoi ne pas ajouter que les hommes manqueront peut-être de vivres, les fantassins de chaussures et qu'il y a par conséquent superfétation à se préoccuper de leur nourriture et de leurs souliers.

S'il est naturel de supporter un inconvénient inévitable, il est illogique de se le procurer.

Quoi qu'il en soit, par habitude nos jeunes chevaux formeront la majeure partie du groupe soumis au régime du vert. Leur travail devra donc être suspendu et remplacé par de légères promenades, soit montés, soit en main. La fatigue, l'effort seront sévèrement proscrits : l'instructeur profitera de cette période d'inaction pour reprendre sagement à la longe les jeunes chevaux qui en ont besoin.

Du travail au manège.

Lorsque le régime au vert sera supprimé (15 juin), ou que les jeunes chevaux seront rentrés de la prairie, le travail reprendra avec une sage progression.

Nous sommes à l'époque des chaleurs, le régiment ou l'escadron monte à cheval le matin emmenant presque tout son effectif. Le dressage a donc lieu dans la journée. Il serait très fatigant pour les jeunes chevaux d'aller quotidiennement à l'extérieur, où, sous un soleil de plomb, le moindre temps de trot les mettra en nage : les hommes de leur côté s'écœureraient d'être soumis à un travail pénible, pendant que leurs camarades, moins bons cavaliers qu'eux, font la sieste sur leur lit. Nous nous bornerons donc en principe à de courtes séances dans les manèges, toujours libres à cette époque.

Ce travail fera connaître au cheval les aides inférieures prises isolément : la connaissance de celles-ci se confirmera en corroborant ensuite l'action des rênes dans des mouvements serrés, l'espace étant plus restreint. On enseignera le « reculer » ; on calmera avec une allure un peu soutenue et les « tourner » qu'il faut faire à chaque coin les chevaux encore excités au galop ; finalement le saut d'obstacles sera perfectionné.

Obéissance à la jambe.

Une façon rapide d'obtenir l'obéissance à la jambe est de commencer au préalable par le rangement des hanches à pied avec la cravache.

Le cavalier se place près de son cheval, tenant la rêne à proximité de la bouche en se maintenant à hauteur de l'épaule. Il frappe les flancs de légers coups de badine, augmentant la vigueur de cet appel, jusqu'à ce que le cheval range ses hanches d'un pas. Sitôt que la cession se produit, il caresse en lâchant la rêne, pour redemander quelques instants après le mouvement, soit de l'autre côté, soit à la même main.

L'instructeur donne la leçon à deux ou trois chevaux en présence de ses hommes : son exemple sera plus profitable que tout ce qu'il pourra leur dire.

Lorsque, au bout de quelques séances, l'obéissance s'obtient au moindre appel, la leçon est répétée à cheval successivement par chaque homme sous les yeux de l'officier. Celui-ci fait venir le jeune cheval au milieu du manège et se place devant sa tête : l'homme tenant ses rênes d'une seule main demande avec la badine le rangement des hanches, sans que la jambe intervienne. Les progrès seront très rapides et au bout de quelques jours le mollet, qui peu à peu a pris part au mouvement, finit par remplacer complètement la cravache.

Nos hommes en général, ne savent pas fermer la jambe : le mouvement, pour eux, consiste presque toujours en une flexion. L'instructeur devra redresser ce défaut, exiger que le mollet claque plus ou moins fort sur le flanc, suivant l'empressement du cheval à obéir à son appel. Lorsque celui-ci a bien compris, qu'il n'a manifesté aucun refus, mais simplement un peu de mollesse, un coup d'éperon bien franc développera comme dans le « marcher » sa sensibilité, et donnera plus de vivacité à sa soumission.

L'obéissance à la jambe trouvera immédiatement sa confirmation dans les « tourner » et les « voltes ». Ces mouvements, surtout le dernier, comportent son emploi soutenu : la rêne directe, imperturbablement comprise, le fait accepter facilement du jeune cheval. Il faut entendre par effet soutenu les battements du mollet, légers ou vigoureux, répétés pendant un certain temps et non son appui lourd et inerte qui émousse la sensibilité du cheval et endort son obéissance.

Afin de ne pas produire la routine, cette étude exige en permanence le travail à volonté : la nécessité de s'éviter dans un espace restreint, la suppression des commandements, l'isolement au milieu de camarades allant dans tous les sens, rendent le cheval plus docile à obéir avec calme aux aides de son cavalier.

Le travail, bien exécuté au pas, se fait de même à un trot d'abord lent, puis à la vitesse réglementaire. Le trot assis n'est nullement nécessaire, on pourra le faire prendre néanmoins au début, afin d'épargner aux hommes la fatigue de s'enlever à une allure très raccourcie.

L'obéissance à la jambe est d'autant plus facile que l'allure est plus lente : pour ce motif, la leçon a été donnée de pied ferme ; c'est un demi-tour sur les épaules, à l'usage des cavaliers, c'est-à-dire sans effet diagonal.

Certains chevaux montrent souvent d'un côté de la difficulté à ranger leurs hanches ; il est nécessaire de revenir constamment avec douceur aux premières leçons : l'instructeur à pied fait céder le cheval avec sa cravache, pendant que le cavalier à cheval demande le mouvement avec sa jambe : le défaut aura bientôt disparu.

Du reculer.

Cette leçon, comme la précédente, se donnera à pied. Le cavalier place son cheval sur la piste et, se mettant devant lui, le pousse en arrière en sciant du bridon de droite à gauche, jusqu'à ce qu'il obtienne un pas de retrait. Dès que le cheval cède, il le caresse, le porte en avant d'un ou deux mètres, et recommence le mouvement.

Quelques rares chevaux refusent obstinément de reculer. On a beau les ramener en avant comme le prescrit le règlement, dès qu'on veut encore les porter en arrière on n'obtient rien. Des *trucs* serviront alors à tourner la difficulté. Un des plus simples consiste à marcher sur les pieds du cheval en même temps qu'on le pousse en arrière. Quelques instants après, le « reculer » s'obtiendra sans l'emploi d'aides aussi raffinées.

Lorsque tous les chevaux reculent parfaitement à pied, on leur fait exécuter, montés, un ou deux pas en arrière, d'abord sur le filet, puis sur les quatre rênes. Il ne faut pas insister trop longuement sur le mouvement en arrière afin de ménager les jarrets : ne reculer que d'un ou deux pas et reporter le cheval légèrement en avant dès que la traction ne produit plus son effet.

Si dans ce travail notre élève se traverse, suspendre le mouvement rétrograde, remettre les hanches en place avec la jambe et reprendre l'exercice.

Les ennemis du « reculer » l'accusent de ruiner les membres postérieurs : ce n'est vrai qu'avec l'abus — de mettre les chevaux en dedans de la main : ce défaut ne peut se produire que par la répétition du mouvement au commencement du dressage, et non à l'époque où nous nous trouvons et après le travail qu'on leur a fait subir. — Ils disent enfin que le « reculer » ne servant qu'à l'alignement et à ouvrir les rangs (ce qu'on ferait aussi bien en **avançant** le premier rang) est un mouvement parfaitement inutile. Ce dernier argument pourrait séduire, si le but du « reculer » était uniquement celui qu'ils reconnaissent.

Au point de vue de l'équitation simpliste que nous avons envisagée, le « reculer » est au contraire un mouvement très utile : il occupe à peu près la même place par rapport au rappel que les éperons vis-à-vis la marche. Le cheval, dit-on, ne doit avoir qu'une volonté, celle de son cavalier. S'il manifeste l'intention d'aller à gauche, poussez-le à droite ; s'il veut s'arrêter sans ordre, embarquez-le rondement en avant ; s'il ne tient pas compte de la traction des rênes et s'obstine à marcher quand même..., conclusion logique, reculez-le. Or, le cheval dont il vient d'être parlé, c'est celui qui vous casse les bras qui a une « bouche d'enfer », c'est un peu toutes les montures de nos hommes : il ne faut donc pas condamner le « reculer » surtout pour les chevaux de troupe.

L'instructeur en s'en servant avec tact perfectionnera donc le mouvement « arrêter », comme il l'a fait dans les séances précédentes pour le « tourner ».

Du galop.

Le règlement prescrit au manège ou sur les carrés de galoper sur le pied du dedans ; sans cette précaution, dit-il, le cheval se fatigue en tournant ou risque de tomber. Or, qu'un départ soit ordonné, il est exceptionnel qu'il se produise unanimement juste : si le fait arrive, les figures s'épanouissent, le chef de la reprise respire et remercie le sort de lui accorder ce criterium d'une instruction habilement dirigée. Il est vrai que son triomphe est de courte durée, qu'au bout d'un ou deux tours plusieurs chevaux rompent la bonne harmonie de l'ensemble, mais la chose a peu d'importance, l'impression première est produite. Ce succès est rare ; généralement le commandement « Partez au galop » est suivi d'une escalade des garde-bottes et les assistants instinctivement comptent les chevaux faux ou désunis. On ne peut pourtant pas admettre que ceux-ci aient envie de rouler par terre ou de s'épuiser ; la cause du mal est donc toujours l'homme, ou plutôt la difficulté du problème à résoudre pour ses faibles moyens.

Lorsque le cavalier est à main droite et qu'il prépare le départ, il taquine son cheval avec la jambe gauche, celui-ci étant à une allure lente, consent à céder de l'arrière-main ; mais dès que l'accélération s'impose, il repousse la jambe en jetant ses hanches à gauche et part faux ou désuni. D'autre part, l'homme ne comprend pas l'effet diagonal, l'effet principal de l'écuyer; le plus vieux cheval de manège en oublierait avec lui la pratique ; il le remplace par le mouvement « tirer dessus et taper dedans », et le cheval se buttant sur la main, part brutalement, grimpant sur le mur. Bientôt tout s'arrange : les chevaux tournent comme de braves voltigeurs enrênés, les hommes se redressent, l'ensemble donne le mirage d'une reprise. Les cavaliers, incapables de reconnaître sur quel pied ils galopent, se penchent pour regarder les jambes de leur monture, et s'ils savent que leur cheval est faux, c'est qu'on le leur a dit. Tout cela ressemble-t-il à de l'équitation ?

Épargnons ce travail à nos jeunes chevaux, et procédons toujours par le trot allongé. Les hommes exécutent d'abord un tour à cette allure, puis, au passage d'un coin, rendent beaucoup, poussent avec les jambes en s'enfonçant dans leurs selles : le départ aura lieu sans bruit, presque toujours sur le bon pied, parce que rien n'empêche le cheval de suivre son instinct. Peu à peu, la longueur de l'allongement se réduira à quelques pas et le départ sera aussi rapide que l'autre sans le massacre. Si des chevaux s'embarquent sur le mauvais pied, ce sera sans désordre et au premier tournant, pour peu qu'on les laisse faire, ils en changeront.

Au point de vue « cavalier militaire », cette question du pied a une importance de dernier ordre, car avant même l'école de peloton le règlement dit à l'homme qu'on a bousculé, parce qu'il était sur le pied droit quand il aurait dû galoper sur le gauche : *N'y prêtez plus attention, tout ce qu'on vous a fait faire, c'était pour l'art !*

Avec les jeunes chevaux dont l'instructeur surveille l'ensemble d'un seul coup d'œil, le galop dans le manège produira le calme

et la descente des encolures. L'allure se soutiendra de la sorte
plus longtemps avec moins de fatigue. La vitesse sera réglée de
façon que tous les chevaux puissent se maintenir au galop sans
effort: celle-ci diminuera d'ailleurs par suite des « tourner » continuels. L'instructeur veillera à ce que les rênes en s'allongeant,
les poignets en se baissant, se prêtent à l'affaissement de l'encolure, qu'encourageront des caresses sur la crinière et à ce que l'appui donné par l'homme n'en entrave pas les balancements. Il n'est
en ce moment ni entraîneur ni écuyer; mais c'est plutôt du premier qu'il doit s'inspirer que du second.

Sous l'influence de ce travail, les têtes se seront vite abaissées,
les chevaux qui s'écrasaient sur leur arrière-main auront repris un
juste équilibre sur leur bride. On le complétera par quelques changements de direction en doublant, et par quatre ou cinq galops
soutenus dans la ligne droite en plein air sur le terrain.

Peut-être trouvera-t-on, après la lecture de ces quelques pages, la
simplification du travail trop considérable. Combien pourtant ren-
controns-nous de cavaliers, sachant à peu près galoper leurs chevaux, les trotter, les faire simplement marcher au pas? C'est à
peine s'ils sont retenus quelques jours au travail sur les grandes
lignes, qui enseigne l'obtention du maximum de travail avec le
minimum de fatigue. Ce qu'on veut voir malheureusement chez le
soldat, ce sont des mouvements d'école, tout comme chez M. Pel-
lier ou chez M. Lalanne; et pourtant dans une campagne ce même
troupier ne fera que des kilomètres sur la route en gardant les autres ou en étant gardé par eux, pour atteindre le champ de bataille, où il brandira son sabre dans une poussée plus ou moins
longue de galop.

L'équitation proprement dite, si utile pour entretenir le goût du
cheval chez l'individu de métier, doit faire place à une sorte d'entraînement, lorsqu'il s'agit de soldats de trois ans qui reçoivent
dès leur première année et en quelques mois le plus clair de leur
instruction[1].

Nos descendants souriront en parlant de l'équitation de nos

---

1. Encore le nombre en est-il restreint. Sur 50 à 60 recrues que reçoit un escadron, il en libère à peine 25 ou 30 trois ans après.

troupiers et des mouvements compliqués ou inutiles que nous avons conservés dans notre règlement de manœuvres, comme nous sourions nous-mêmes en entendant les anciens nous raconter les changements de pied et l'ordre inverse en bataille d'autrefois.

Perfectionnement du saut d'obstacles.

Nos jeunes chevaux, déjà familiarisés avec l'obstacle, ont la franchise : nous leur donnerons par une plus longue pratique la puissance et l'adresse. Le manège n'est nullement indispensable pour obtenir ce résultat; mais il permet à l'instructeur une surveillance plus immédiate, ses hommes voyant et entendant tireront un plus grand bénéfice de ses observations.

La barre est placée par terre au milieu du manège et les chevaux la passent ainsi au commencement et à la fin de chaque séance de saut. Elle sera élevée chaque jour de quelques centimètres jusqu'à une hauteur maximum, basée sur la moyenne des chevaux de troupe, de 90 centimètres environ.

Les cavaliers sont répartis sur la piste à distances indéterminées.

A l'appel de son nom, l'homme fait une demi-volte, marche en sens inverse 1 ou 2 tours à l'allure prescrite, et exécute un doubler dans la longueur qui l'amènera sur l'obstacle. Il le sautera en appliquant les principes qui lui ont été donnés antérieurement.

Tant que la barre est basse, l'allure sera le trot, et le saut pourra pendant la séance être répété 3 ou 4 fois par cavalier ; dès qu'elle atteindra 60 centimètres, on prendra le galop, ne sautant plus qu'une ou deux fois. L'obstacle franchi, l'homme reprend doucement son cheval, passe au pas avant d'arriver à la piste et y rentre en caressant. Le sens au saut sera varié tantôt en marchant sur la porte du manège, tantôt en lui tournant le dos.

L'instructeur veillera à ce que les hommes se dirigent sur le milieu de la barre, encadrent bien leurs chevaux, les poignets séparés ; s'asseyent, poussent plus ou moins fort quelques mètres avant l'obstacle suivant le besoin ; laissent glisser les rênes sans les abandonner, et enfin reprennent sans à-coup.

Dès qu'un cheval manifeste un manque de franchise, séparer davantage les mains, descendre l'allure et l'obstacle.

La vitesse du galop préparatoire sera réglementaire. Il ne doit être pris que par les chevaux absolument droits : ceux qui sont douteux resteront au trot et ne seront poussés au galop qu'au dernier moment. Si un cheval bourre, le maintenir au pas ou au trot jusqu'à 3 ou 4 mètres de l'obstacle et ne le lâcher qu'à cette distance. Sitôt la reprise de saut terminée, renvoyer les chevaux à l'écurie.

Observations sur le travail au manège.

On peut faire le reproche au travail de manège ainsi conduit de ne pas répondre aux exigences du règlement actuellement en vigueur, et d'être insuffisant pour la présentation d'une reprise lors d'une inspection.

Ce grief est mal fondé : le cheval et le cavalier qui auront donné satisfaction dans l'accomplissement du programme que nous avons tracé, au bout de 3 ou 4 séances de mise au point, se présenteront aussi honorablement que les voisins manégés, tout en étant beaucoup plus aptes au point de vue pratique.

Une reprise de troupiers ne vaut en grande partie que par celui qui la commande. Tel en mettant une grande progression dans les allures qu'il ordonne obtiendra le calme ; tel autre par des départs intempestifs sèmera le désordre ; celui-ci effleurera à peine les mouvements à effets diagonaux, se contentant de 1 ou 2 pas les hanches en dedans ; celui-là en lançant trop tard le commandement « Redressez » fera ressortir les défectuosités qui pullulent. Une reprise de troupe se maquignonne comme les chevaux eux-mêmes ; aussi, comme nous le disions, elle ne sera jamais qu'un trompe-l'œil. Les gradés se présentent quelquefois mieux à une inspection au manège que leurs officiers ; on ne contestera pas cependant la grande supériorité de ces derniers dans leur équitation.

Fin du dressage.

Le travail au manège commencé le 15 juin se prolongera jusqu'à la période des manœuvres.

Une ou deux fois par semaine, comme il a été dit, l'instructeur reviendra sur le travail à l'extérieur, si important pour les chevaux.

Lorsque les escadrons se mettent en route, une seconde période de repos s'ouvre pour le dressage, qu'on promène simplement en main pendant l'absence du régiment.

A son retour, le travail est repris jusqu'au 1er janvier. L'instructeur confirmera les connaissances acquises, allant sur le terrain, les routes ou le manège, mais ne cherchera pas à les agrémenter de mouvements nouveaux et inutiles pour ses chevaux ; s'il s'absente, son sous-officier au courant du personnel, entièrement façonné à sa manière, continuera les exercices sous la surveillance très large d'un autre officier.

Il se produira un surcroît de travail lors de l'arrivée des chevaux de 5 ans. C'est inévitable. On ne peut songer avant le 1er janvier à remettre dans le rang les chevaux prenant 6 ans. Leur entraînement n'est pas suffisant, et leurs connaissances sont trop fraîches pour qu'on les confie en des mains quelconques. A la fin de l'année même, lorsqu'on prononcera leur rentrée définitive dans les pelotons, les officiers qui les commandent devront les affecter à un homme sûr, *les ménager,* les combler de soins ; ils récolteront plus tard ce qu'ils auront semé.

Dès le 15 novembre, les chevaux qui se distinguent par leur sang et leurs qualités seront choisis par les officiers d'abord, comme chevaux de dressage, puis par les sous-officiers pour leur cours d'équitation. Ceux-ci monteront leurs chevaux d'armes avec la troupe ou s'en serviront pour se promener isolément.

Il n'y a donc rien à dire de plus sur cette période, puisqu'elle n'apporte aucune nouveauté à notre instruction.

Il résulte de tout ce qui précède, qu'en fait de science nous n'enseignerons à nos chevaux de troupe que ce qui est indispensable à leur utilisation. Celle-ci se réalisera entièrement si, dans l'étude des connaissances à développer, nous obtenons un entraînement progressif dans le sens du but final, au point de vue du souffle et du muscle.

Cette dernière condition d'un bon rendement est même plus importante que la première, étant donné que la conclusion de toute espèce de préparation du cheval de guerre sera toujours l'étape et l'attaque au galop.

Les opinions professées dans ces quelques pages sont discutables, comme toute opinion. Il ne faut y chercher aucune hostilité vis-à-vis du règlement actuellement en vigueur, où nous trouverons toujours sous une forme concise un véritable manuel d'équitation, mais y voir le désir qu'en partie cette équitation s'arrête à nous.

Le dressage du cheval est intimement lié à l'instruction de l'homme; ils se font l'un par l'autre. Les idées que nous exprimons au sujet du premier s'étendent à la deuxième par la force des choses.

Nous avons eu la joie de les voir partagées par des hommes qui, comme nous, avaient une foi profonde dans le grand rôle de notre cavalerie. Leur approbation a été notre encouragement.

Nancy. — Imprimerie Berger-Levrault et Cie.